内 容 简 介

这是一本关于小学生写作方法的书。阅读对象为小学生、小学生家长、小学一线语文教师等。

本书选择了适合小学生观看的 20 部电影，从电影中寻找写作方法，将写作构思与写作技法直观明了地呈现出来，帮助小学生打开写作思路，提高他们的想象力和创造力。同时，结合经典电影对不同类型的写作题材进行讲解，涵盖写人、记事、描物、绘景、想象等小学生常见的作文题材。

本书加入了一些趣味性的小游戏、小练习，可以让小学生在轻松愉快的氛围中学习写作技巧。

本书封面贴有清华大学出版社防伪标签，无标签者不得销售。

版权所有，侵权必究。举报：010-62782989，beiqinquan@tup.tsinghua.edu.cn。

图书在版编目（CIP）数据

藏在电影中的作文写作密码 / 冯稳秀著. —北京：清华大学出版社，2024.7. —（新时代·教育新方法）.
ISBN 978-7-302-66726-1

Ⅰ．G624.243

中国国家版本馆 CIP 数据核字第 2024EY4674 号

责任编辑：刘　洋
封面设计：徐　超
版式设计：张　姿
责任校对：王荣静
责任印制：沈　露

出版发行：清华大学出版社
　　　　网　　址：https://www.tup.com.cn，https://www.wqxuetang.com
　　　　地　　址：北京清华大学学研大厦 A 座　邮　编：100084
　　　　社 总 机：010-83470000　邮　购：010-62786544
　　　　投稿与读者服务：010-62776969，c-service@tup.tsinghua.edu.cn
　　　　质 量 反 馈：010-62772015，zhiliang@tup.tsinghua.edu.cn
印 装 者：小森印刷（北京）有限公司
经　　销：全国新华书店
开　　本：148mm×210mm　印　张：8.75　字　数：226 千字
版　　次：2024 年 9 月第 1 版　印　次：2024 年 9 月第 1 次印刷
定　　价：79.00 元

产品编号：103406-01

推荐序

稳秀老师邀请我为她的新书《藏在电影中的作文写作密码》作序，我欣然答应。翻阅书稿，我看到一位一线教师在创意写作教学上探索、思考、研究、实践的坚实履痕。这部在实践基础上总结出来的崭新作品，饱满扎实，清新诱人，真是可喜可贺。

一直以来，我们的作文教学在"低效""无效"中打转，学生学得没劲，一提写作文，一个头三个大；家长心烦，明知孩子写作文困难却无计可施；老师难教，付出多收获少，二者不成正比。深究问题核心，是当下语文教学未能激发学生的写作内驱力。孩子犹如一只只被摁在地上强行吃米的小鸡崽，为完成作文，不得不进行工期很长的"造假工程"，空话、假话、套话连篇，千篇一律，千人一面。

那么，我们要追问的是：小鸡是不爱吃米，还是不会吃米呢？

都不是。

唤醒儿童内在表达欲望，才是解决当下写作教学低效无效的关键。我也做过近20年电影创意写作教学实践，并出过专著，可以很肯定地说，电影创意写作教学是经过实践证明行之有效的新型教学方式。

为什么？原因有以下几个方面。

一是电影艺术的直观性符合儿童的内在成长规律。儿童是通过身体认识世界的，电影中的声音、色彩、画面及高科技的拍摄手段，能给儿童带来更为强烈的身心感受，使他们在愉悦的心境中接受感化，唤

起他们对写作的兴趣与热情。

　　二是电影题材的丰富性能够拓展儿童写作素材的广度。电影是生活与艺术的高度综合,能让孩子了解到各种不同的知识,体验到各种不同的人生经历,获得各种不同的情感体验。电影中的画面、音乐更能调动儿童生活中的积累,那些封在盒子里的记忆一旦被唤醒、激活、冲出、展现,那该是多么丰富的写作素材啊!所以,电影能有效解决儿童写作中素材匮乏的问题。

　　三是电影表现手法与儿童文学语言具有相似性,能提高儿童的写作水平。电影语言与文学语言有着必然联系,如电影中常用景色来渲染主人公的内心世界,其实就是写作中的借景抒情;电影情节的跌宕起伏,对应写作的一波三折。电影就是有声有色的范文,但它比范文更有吸引力,更贴合儿童的天性。

　　四是电影本身的无限创意,能更进一步激发儿童的创意思维。电影作为一门艺术,要想引起观众的关注和喜爱,必须在表现手法上更为出彩。电影中出人意料的结局,充满创意的构图,和谐美妙的配乐,都会潜移默化地传达给儿童,激活儿童的创意思维。

　　五是电影促进儿童精神的成长,又反哺儿童写作。优秀的电影作品蕴含着极其丰富的精神内涵,可以对人的精神世界产生巨大影响,甚至可以影响一代人。儿童多看优质电影,可以得到艺术的熏陶,受到美的感染,提高审美情趣,促进精神发展。想一想,一个浸泡在美好画面、经典音乐、动人语言、流动故事中的儿童,他的生命能不得到滋养吗?他的精神能不更加丰富吗?他的写作能力能差吗?

　　但用电影搭梯,引导儿童走向创意写作的过程,其本身是艰难的,需要一线老师"往高站一点",制定战略,打通电影与写作的壁垒,实现二者的完美结合。

在稳秀老师这本书里，我看到了几个突破点。

一是写作技巧与电影的无痕融合。很多作家认为作文是不可教的，写作也无须使用技巧，要质朴、真实，这句话是对的。正如一个武功高手，用一根树枝也能使对方顷刻之间毙命。但如果他是一个新手，还得从一招一式学起。这和孩子们学写作文一样，在初始阶段，一味强调多阅读多感悟，孩子肯定是一头雾水。所以，进行一些听得懂的、用得上的、用了作文水平就会有所提升的技巧学习，是非常必要的。

运用电影上作文课，在多数情况下会变成"大头娃娃"。看电影占用较长时间，儿童看得很嗨，但写得很苦。这是因为很多孩子观影时只关注了电影情节，而缺乏后续老师的跟进指导。

如何带着方法看电影？我在本书中找到一条非常清晰的路径。如用电影《男生贾里》学习"反转"的写作方法，稳秀老师先是结合欧·亨利的短篇小说《警察与赞美诗》和"纪晓岚祝寿"的故事，把常用的三个反转方法，做了习作知识的呈现，并让儿童运用这种方法初步构思故事。有这样的打底训练，儿童在看电影时，一定是带着"放大镜"和"指南针"的，他们会逐渐"潜入"电影内部，分析其中的构思逻辑。当注意力往下延伸时，他们对电影的评价是有针对性的，是深入的，他们会找到电影情节中的"反转"之处，进一步巩固习作技法的理解与运用。

这样的学习方法是有效的，是可迁移的。

二是写作技法依托校园故事，更能走进儿童内心。作为一线老师，稳秀老师一定是懂儿童心理的。事实上，市面上已经有太多"作文宝典"之类的书，里面不乏"几种开头几种结尾"这样生硬的技法指导，我很担心这本书也会落入窠臼。但她灵敏地意识到这一点，设置了几位小主角，有"学霸"孙不空，有喜欢公主的蔡小美，当然，也有不爱

写作文的猪小戒。这些人物脱胎于儿童喜爱的名著，又源于生活，在每个班级里都能找到对应的学生。

因此，对儿童来说，这本书有他们熟悉的阅读场景，能让他们产生很深的共情。

唐老师是本书的灵魂人物，在他的课堂上，一个个小方法、小妙招润物无声地进入儿童内心，也进入每个读者心中。这种自然的知识呈现方式，让技巧不再生硬、生冷。

三是电影在写作课堂中呈现出多种形式。电影可以作为案例，让学生习得写作方法。文学作品中有一个神奇的数字"3"，即设计三次或多次波折，让读者体会扣人心弦的阅读刺激。电影《人在囧途》的主人公在回家途中，由飞机到火车，再到客车、轮船、三轮车，遭遇多次意外事件；电影《七十七天》主人公多次在无人区遇到险情，求生成功。这都是很好的写作范例。

电影可以作为素描对象，定格其画面，让学生进行描写训练。稳秀老师选择孩子们喜爱的《憨豆先生的假期》，为憨豆配台词。这样的语言描写练习有效有趣，让写作在无意识中产生，可达到事半功倍的效果。

当然，通过看电影还能学到更多的创意写作方法。比如看电影写结尾，看电影写影评，看电影做绘本……电影为儿童创造了多种多样的学习、练习方式，也为一线老师思考探索电影与创意写作教学提供了可用的范例。

四是本书涵盖的主题较为广泛，非常实用。20部电影涵盖20个常用的写作主题，从故事构建到细致描写，从写人写事到想象，还涉及很多统编语文教材中的单元习作，对于小学生和家长，以及一线语文教师，都是非常实用的。

读完书稿，我很振奋。如果更多一线教师都能在自己的领域潜心精耕，用心梳理，并形成属于自己的成果，那是学生之幸、教育之幸。

一灯照隅，万灯照国。当更多的教师不再把大量时间花在研究公开课上，而是沉入常态课，沉迷属于自己的课程开发，我们的孩子将能浸润于纯粹的语文学习，我们的教育将会向前推进一大步。

对一本书最高的敬意，就是用心阅读。那就别犹豫，翻开这本书，静静感受电影与写作融通的魅力吧。

张祖庆
特级教师 谷里书院创办人

一、缘起

2020年春,网课上得鸡飞狗跳,令孩子们发怵的作文课成了我一人演绎的独角戏。有一次要讲《神奇的探险之旅》,我正好看了电影《七十七天》,就对孩子们说,这节课我们先看电影,再写作文。

电影带来的兴奋短暂地掩盖了写作文的痛苦,孩子们看得兴趣盎然。之后,我带着孩子们简单梳理了主人公穿越羌塘遇到的险情以及解决方案,就把作文题目丢给学生。出乎意料的是,本次作文提交率很高,质量也很好。有两位同学写了近3000字,基本可以称为短篇探险小说。

这次无心之举令我欣喜万分,意识到电影作为大众喜闻乐见的艺术形式,能轻易地俘获孩子们的心。那么,我能否从中提取一些与写作相通的故事内涵表现方法、艺术呈现形式、拍摄手法,融入日常习作教学,激发孩子们的写作热情、提升他们的写作水平呢?

我为这个想法兴奋不已。冗长的假期正好让我有足够时间搜寻好的电影,于是,关于电影与写作结合的探索开始了……

二、实践

我对电影的选择是非常严谨的。我从中宣部、教育部推荐的中国优秀儿童电影、世界电影宝库,以及豆瓣评分较高、具有教学意义的

电影中,通过先行观摩,选出与写作有相通点的电影或短片。这些电影有的由经典童书改编而成,有的经时间考验历久弥新,有的在市场上有良好口碑,作为素材给孩子们观赏时,不仅能带来视觉享受,还能引领其树立健康向上的世界观、人生观、价值观。

电影在写作课堂中有如下呈现形式:可以作为案例,让孩子们习得写作方法;可以提取片段定格镜头,让孩子们描摹画面,进行细节描写专项训练;可以播放无声电影,让孩子们为其配音,锻炼他们的观察能力与语言表达能力;可以为电影设置不同结尾,培养孩子们丰富的想象力……

作为写作课堂重要的素材,电影不再是吃着爆米花、喝着可乐打发时间的娱乐品,而是一座桥梁,引领孩子们走向写作成功的彼岸。

通过两年多实践,很多孩子因电影提升了写作兴趣,提高了写作水平,产生了写作的自信心与成就感。所以说,电影与写作不是简单的元素叠加,而是神奇的化学反应。

三、成书

既然电影与写作的完美邂逅让一部分孩子获得了写作上的蜕变,那能不能把这种方法加以推广,使更多孩子受益呢?于是,便有了您手中的这本书。

本书选择了20部电影,提取了20个小学阶段常用的写作主题,涵盖五个方面:

1. **帮助孩子构建故事**。引导孩子运用反转、反常、一波三折、以小见大的构思方法,写出精彩、好看、引人入胜的故事。

2. **帮助孩子学会描写**。描写能力薄弱是小学生普遍存在的问题。截取电影片段,从语言、神态、动作、外貌方面进行专项集中训练,让孩子把作文写细腻、写具体。

3. **帮助孩子学会写人**。写人作文在小学阶段很常见，正因为常见常写，很多孩子笔下的人物形象千篇一律，写作方法也很单调。这一板块教孩子用细腻的人物内心展示，通过对比和侧面衬托突出人物特点。

4. **帮助孩子学会写事**。写事作文也是小学考试中的常客。这一板块中的四部电影，着力针对成长、亲情两大热门考点，引导孩子用波折法、细节描写法、环境推动法写出与众不同、令读者眼前一亮的好作文。

5. **帮助孩子学会想象**。经典的电影启发了孩子们的思维，激发他们创造属于自己的童话，写出自己的剧本，续写别具一格的结尾。说不定，一位伟大的剧作家就此诞生！

在这本书里，你会认识一位叫猪小戒的同学，他聪明调皮，不喜欢读书，对作文又害怕又讨厌。老师布置作文，他不是翻作文书就是查手机，好不容易写几句，总是干巴巴的。所以，猪小戒很多不合格的作文，上面的老师批语只有两个字："重写！"

读到这本书的大朋友小朋友，你有没有写过或见过猪小戒同款作文呢？如果有，一定要往下看。

世上最美的相遇，是不会写作文的猪小戒遇到喜欢教作文的唐老师。唐老师脑子里装着各种各样写好作文的方法，每周四作文小课堂，猪小戒所在班的同学听得可认真啦！平时读书最多的"学霸"孙不空可是唐老师的忠实粉丝。书前的大朋友小朋友，如果你想学到写好作文的绝招，一定不要错过，可以用小本本记下来呦！

每次讲完作文秘籍，唐老师都会带着孩子们去看电影。这是孩子们最开心的时间啦！唐老师会带着孩子们对电影进行充分鉴赏与讨

论,从写作的角度拆解影片中的细节。这种以写作方法为主、电影案例为辅的学习方式,让孩子们加深了对写作的理解。视觉有享受,写作有收获,不亦快哉!

  自从听了唐老师的作文小课堂,猪小戒回回能在课后的闯关批战中成功闯关。厉害吧?

  那么书前的你,是不是也来试试呢?相信你一定会成功的!

  看完这本书的大朋友小朋友,希望你也能从电影中重新获得写作的热情,创造写作中更多的可能。

作者

扫描二维码,
获取知识地图

引言 / 1

第 1 章　作文没起伏？ 4 个构思写出人人爱看的好故事 / 3

 1.1 黄金构思法之一——有反转，故事才好看 / 4

   1.1.1 看到开头就猜到结尾，这是你的作文吗？/ 4

   1.1.2 三个反转小钩子，勾住读者的心 / 5

   1.1.3 《男生贾里》：连续反转，结局总在意料之外 / 12

   1.1.4 闯关挑战一：巧手来反转，相信你能行 / 14

 1.2 黄金构思法之二——设计故事中的小曲折 / 15

   1.2.1 一用"终于"，你的作文就不好看了 / 15

   1.2.2 设计三个小曲折，牵动读者情绪跟你走 / 17

   1.2.3 《人在囧途》：回个家，就那么难吗？/ 23

   1.2.4 闯关挑战二：为故事设计曲折 / 25

 1.3 黄金构思法之三——用小视角写大事件 / 26

   1.3.1 与好作文的差距：好作文在写"小"，你在写"大" / 26

   1.3.2 一学就会的"以小写大"法，只用四步 / 28

   1.3.3 《狙击手》：那么大的战场，我只选择一条战壕 / 34

   1.3.4 闯关挑战三：如何找到写作"小视角" / 37

 1.4 黄金构思法之四——反常法写故事 / 38

1.4.1 逼迫儿子去跳水，这是好父亲吗？/ 38

1.4.2 反常理反常情，让读者耳目一新 / 39

1.4.3 《三个强盗》：你没看错，强盗不盗了…… / 45

1.4.4 闯关挑战四：做个"非正常"的人 / 47

第 2 章 文字乏味不细腻？4 个描写打磨生动语言 / 49

2.1 生动描写法之一——语言描写 / 50

2.1.1 人物都不说话，难怪作文写不长 / 50

2.1.2 用"打架法"写出精彩语言 / 51

2.1.3 《憨豆先生的假期》：用夸张的动作、善变的表情来说话 / 60

2.1.4 闯关挑战五：你来编剧本 / 62

2.2 生动描写法之二——动作描写 / 64

2.2.1 "一招就搞定"，可不能用来写作文 / 64

2.2.2 用"机器人法"写出精彩动作 / 66

2.2.3 《可爱的毛虫》：萌蠢毛虫的破茧成蝶 / 74

2.2.4 闯关挑战六：当一回动作指导师 / 76

2.3 生动描写法之三——神态描写 / 77

2.3.1 人物面无表情，这样的作文劝退读者 / 77

2.3.2 用"层次法"写表情，让五官会说话 / 78

2.3.3 《头脑特工队》：嘘！有人掌握你的情绪 / 83

2.3.4 闯关挑战七：你是大导演 / 86

2.4 生动描写法之四——外貌描写 / 88

2.4.1 五官轮番上，不是好的外貌描写 / 88

2.4.2 用"集中一点法"写人物外貌 / 89

2.4.3 《万里归途》：一看你就是能救我们回家的人 / 96

2.4.4 闯关挑战八：选择"一点"外貌来描摹 / 99

第 3 章　人物普通没特点？4 个方法塑造人物形象 / 101

3.1　塑造人物法之一——典型事例突出人物特点 / 102

3.1.1　浑身都是特点，意味着没特点 / 102

3.1.2　用典型事例突出人物特点 / 103

3.1.3　《没头脑和不高兴》：用夸张事例，凸显人物特点 / 111

3.1.4　闯关挑战九：典型事例你来选 / 113

3.2　塑造人物法之二——侧面描写展现人物特点 / 114

3.2.1　没有一句"精彩"的吴桥杂技 / 114

3.2.2　三种侧面描写方法，夸夸杨贵妃有多美 / 115

3.2.3　《摔跤吧，爸爸》：没有绿叶陪衬的红花，会不会好看？/ 121

3.2.4　闯关挑战十：找一找衬托红花的绿叶 / 123

3.3　塑造人物法之三——走进人物的内心世界 / 125

3.3.1　只会用"我想"写心理，那就太老套啦 / 125

3.3.2　四种方法写心理，轻易看懂对方心 / 126

3.3.3　《另一只鞋子》：你有一只鞋子，我有一只鞋子 / 133

3.3.4　闯关挑战十一：测测你是不是"读心"高手 / 136

3.4　塑造人物法之四——欲扬先抑写人物 / 137

3.4.1　没有对比的人物，"伤害"了读者的阅读欲望 / 137

3.4.2　三个步骤从"抑"到"扬"，突出人物特点 / 138

3.4.3　《菊次郎的夏天》：与一个不靠谱大叔的夏日旅行 / 144

3.4.4　闯关挑战十二：欲扬先抑你也行 / 147

第 4 章　作文就像流水账？4 个技巧写出具体事情 / 149

4.1　细微事情法之一——用环境推动情节发展 / 150

　　4.1.1　写情节没有环境，就像吃油条没有豆浆 / 150

　　4.1.2　用环境层层推进情节，情景合一巧吸睛 / 152

　　4.1.3　《奇迹·笨小孩》：灾难总会在雨天，真这么巧合？/ 158

　　4.1.4　闯关挑战十三：为情节加上合适的环境描写 / 161

　4.2　细微事情法之二——三叠方式写神奇的探险之旅 / 163

　　4.2.1　太顺利的探险，留不住读者 / 163

　　4.2.2　巧用数字"3"，写出精彩的探险故事 / 164

　　4.2.3　《七十七天》：没有去过无人区，能不能写探险？/ 171

　　4.2.4　闯关挑战十四：假装去南极 / 173

　4.3　细微事情法之三——那一刻，我长大了 / 174

　　4.3.1　说来也奇怪，成长就在那一刻 / 174

　　4.3.2　定格画面，把"成长"一刻写具体 / 176

　　4.3.3　《长津湖》：那个打水漂的少年，去打仗了 / 180

　　4.3.4　闯关挑战十五：随军记者眼中的伍万里 / 186

　4.4　细微事情法之四——从细微处写亲情 / 186

　　4.4.1　还在写"雨中送伞"的老套剧情？快停笔吧 / 186

　　4.4.2　五个"一"选材法，让爱自然流淌 / 188

　　4.4.3　《漂亮妈妈》：母爱是一副珍贵的"助听器" / 196

　　4.4.4　闯关挑战十六：选择一个细节表达爱 / 198

第 5 章　总是在原地打转？4 个助力展开想象翅膀 / 201

　5.1　奇幻想象法之一——基本现实生活的想象 / 202

　　5.1.1　不敢想不会想？别给想象画地为牢 / 202

　　5.1.2　从身边事物想开去，一个房间就是一个世界 / 204

5.1.3 《雪人》：那晚，我遇到了会动的雪人 / 210

5.1.4 闯关挑战十七：在小小的花园里"挖"出想象 / 212

5.2 奇幻想象法之二——发挥想象改写故事 / 213

5.2.1 你可能不知道，有很多版本的"小红帽" / 213

5.2.2 掌握变化逻辑，故事会有一千零一种可能 / 214

5.2.3 《怪兽电力公司》：当孩子的哭声变成发电的能量 / 221

5.2.4 闯关挑战十八：假如有个能吃掉黑暗的怪兽 / 223

5.3 奇幻想象法之三——创作我的童话故事 / 224

5.3.1 童话都是骗人的？不不不 / 224

5.3.2 用这五步写童话，小小安徒生就是你 / 225

5.3.3 《夏洛的网》：蜘蛛与猪的伟大友谊 / 232

5.3.4 闯关挑战十九：设计一场昆虫的旅行 / 236

5.4 奇幻想象法之四——当个小小科幻创作者 / 237

5.4.1 科幻就是写外星人？还真片面了 / 237

5.4.2 搞定科幻三要素，创作科幻你也行 / 238

5.4.3 《流浪地球》：带着地球逃离 / 245

5.4.4 闯关挑战二十：《流浪地球》中的小细节 / 247

后记：遇到自己的"庆典" / 249

猪小戒的闯关密码 / 250

快乐街1号，是快乐小学。快乐小学虽然面积不大，却很美。红墙白瓦的教学楼被爬山虎覆盖着，像一座童话里的宫殿。每当微风轻轻吹过，淘气的风儿便会掀起爬山虎绿色的衣裙，接连不断，好似一个接一个的波浪，教学楼就是波浪里巨大的船。

教学楼三层右手边最后一间教室，是五年级五班［以下称五（五）班］。班主任唐老师是一位神奇的语文老师，他爱教孩子们写作文，爱看电影，爱带孩子们观察各种各样有趣的事物，爱长跑，爱打球，对新鲜事物永远保持着好奇心。不过，唐老师真的和"唐僧"有点儿像，爱唠叨。只要一唠叨起来，班上的同学呀，恨不得立刻把耳朵给堵上。

五（五）班有30多个学生。他们可真是各具特点，不信，你看——

猪小戒，原名朱萧剑。他爸爸是个武侠小说迷，向往一箫一剑走江湖，于是便给儿子起名"朱萧剑"。朱萧剑长得又矮又壮，做事慢慢吞吞，老是完成不了作业。重要的是，他还贪吃！作为唐老师的徒弟，"猪小戒"这个名字就叫开了。

孙不空，五（五）班的班长、学霸、意见领袖……他特别喜欢看书，脑袋里装着各种知识，真应了他的名字——"不空"。因为看书多，孙不空的作文写得特别好，是唐老师的得意弟子。

沙小呆，猪小戒的同桌。他总有一些奇奇怪怪的想法，所以老是呆呆地看着窗外。他特别喜欢和猪小戒作对，猪小戒说什么都不对。

可是，他又特别喜欢和猪小戒坐在一起，同学们都说他俩是一对"欢喜冤家"。沙小呆学习不好，但热爱劳动，是班里的劳动委员。

蔡小美，五（五）班的文娱委员。她长得瘦瘦的，真像一根竹竿。她的胆子比较小，看到一只虫子都会大叫，同学们没有被虫子吓到，反而被她的叫声吓得不轻。

除了他们几个，五（五）班还有好多有趣的同学，欢迎各位大朋友小朋友在这本书里认识他们。

五（五）班的孩子们很喜欢星期四下午，这个时间唐老师会给他们上作文课。唐老师的作文课特别有趣，他总能轻而易举地带领孩子们走进写作文的秘密花园，让他们在不知不觉间学到写作文的方法。

上个学期，学校修建了一座"乐咖"小影院。作文课结束后，唐老师往往会带孩子们去看电影。如果你以为看电影只是图个热闹那就错了，唐老师还会从电影里找到各种各样写作文的方法。很多时候，一部电影看完了，作文也会写了，你说神奇不神奇？

这样既能学写作文又能看电影的星期四的下午，孩子们怎能不喜欢呢？看到这本书的大朋友小朋友，你也一定会喜欢上这样的唐老师，喜欢上五（五）班可爱的孩子们，喜欢上这样的电影作文课。

你看，五（五）班的孩子们来了，唐老师来了，我们一起与他们打个招呼吧！

第 1 章

作文没起伏？
4 个构思写出人人爱看的好故事

1.1 黄金构思法之一——有反转,故事才好看

1.1.1 看到开头就猜到结尾,这是你的作文吗?

这天一下课,猪小戒就被唐老师叫到办公室。唐老师先表扬他昨天的作业全部完成,然后又批评他作文写得不好,要求重写!

放学后,愁眉苦脸的猪小戒叫住孙不空,说:"不空,唐老师说我作文写得不好,你给我说说哪里不好呢。"班长孙不空平时看书特别多,脑袋里不知装了多少知识,作文水平也是顶呱呱。孙不空一瞧,猪小戒的作文是这样写的:

凳子坏了

那天早上,我第一个来到教室。到了座位上,一不小心撞倒了凳子,我赶忙把凳子扶起来,可怎么也扶不起来。低下头一看,原来凳子腿的螺丝掉了。我心想,杨星泽每次都是最后一个到,就把凳子换给他吧!这样想着,就赶紧换了凳子。

杨星泽果然又是最后一个来,他刚坐下来,就摔了个四脚朝天,全班同学哄堂大笑,我也暗暗发笑。

第二天,我来到教室外,看到杨星泽早早来了!他一定也是要换凳子的,果然,他又把凳子换给了马小伟,然后,他就开始背书了。

杨星泽,我要揭穿你!

孙不空读完后,对猪小戒说:"在你的作文里,你猜杨星泽要换凳子,他就换凳子,情节没有一点儿意外!我觉得,你得写点儿别人想不到的,比如说,杨星泽不换凳子啦!"

"不换……"

"对啊,当读者都想着把凳子换给下一位同学时,你的作文偏偏不这样写,是不是很令人意外?让读者一猜就中,那就没什么意思啦!"

唐老师不知何时走过来,听到孙不空的一番话,也对猪小戒说:"不空说得很好,我们要学会在作文中使用反转。特别是在结局部分使用反转,往往会形成戏剧性的效果。美国有一个短篇小说作家叫欧·亨利,他就善于使用这种方法,以至于写作上有一个专门的名词——'欧·亨利式结尾'。"

"那该怎么反转呢?"猪小戒迫不及待地问。

"不急不急,周四作文小课堂会讲这种让故事好看的重要方法——反转,你可得认真听哦!"唐老师故意卖了个关子。

1.1.2　三个反转小钩子,勾住读者的心

星期四一上作文课,唐老师给大家讲了欧·亨利写的一篇短篇小说《警察与赞美诗》。

苏比是一个穷人,为了度过寒冬,他打算去监狱待几个月。于是他准备去餐馆吃顿"霸王餐",这样自有警察把他请走——但,还没进门,侍者就识破了他。

苏比用石头砸破一家商店的橱窗,等待警察把他请走——但警察认为,砸橱窗的人没有谁会留下来和法律的差役打交道。

街对面有家不怎么起眼的饭馆。苏比白吃一顿后,让侍者请警察来。但两个侍者不想与他啰唆,直接把他摔在铁硬的人行道上。

他几次惹是生非,但总是事与愿违,苏比为进不了监狱失落极了。无处可去的苏比来到一座教堂,受到赞美诗的感化,想找份工作重新做人。就在所有人都认为苏比将要靠自己的奋斗度过一生时,警察出现了,并将他带上了法庭。(《警察与赞美诗》结尾如图 1-1 所示)

图1-1 《警察与赞美诗》结尾

"我们来看这篇小说的结尾。"唐老师把它展示在幻灯片上。

> 苏比觉得有一只手按在他胳膊上。
> 他霍地扭过头,只见是警察的一张胖脸。
> "你在这儿干什么?"那警察问。
> "没干什么。"苏比回答。
> "那你跟我来。"警察说。
> 第二天早上,警察局法庭上的推事宣判道:"布莱克威尔岛,三个月。"

"这就是典型的'欧·亨利式结尾',在读者都以为苏比会找份工作好好生活时,作者运用反转,让读者的心一揪——他被警察抓走了。这样的小说回味无穷,发人深省。"

"哦,我明白啦!反转就是不按套路出牌呗!"猪小戒嚷嚷着。

唐老师点点头,说:"可以这样理解。故事结构一般是由三个要素组成的,即情节、人物、环境。反转是指故事情节原本沿着它的正常轨道发展,最后突然来个一百八十度的陡转,从而产生令人意想不到的结局,或者人物身份、命运向相反方向转变的故事结构方式。

反转技法的运用，会让文章产生出人意料的艺术效果。

"那怎么设计反转情节呢？为师给大家讲三个小妙招，它们就像小钩子一样，能勾住读者的心呢！"

爱学习的孙不空已经翻开小本本，猪小戒也赶紧竖起耳朵。

"第一个小妙招，设计一个与正常事件走向相反的结果。就是在故事结尾，事件没有沿着读者以为的正常的走向发展，而是陡然逆转，出乎意料……"

"我知道我知道，比如我昨天写的那篇文章，'我'和读者都以为杨星泽来那么早是为了换凳子，但我可以写他没有换凳子，而是……而是……"猪小戒脑中灵感的火花闪了一下，又熄灭了。

唐老师说："是的，你的想法很对。杨星泽不是来换凳子的，而是来修凳子的，是不是很出人意料呀？"

"还可以这样改写结尾：杨星泽把凳子拿到废品站卖钱，自己又添了些钱买了新凳子。"孙不空也想到一个新结尾。

接下来，唐老师讲第二个小妙招："设置一个与人物性格相反的举动。故事中的人物性格与他做的事情不相符，也会有反转的效果。比如她是一个胆小的女生，看到文具盒里有一只黑黑的虫子，读者会认为她有什么举动？"

"当然是大声尖叫，或者一下子晕过去咯！"沙小呆朝着班里的蔡小美做了个晕过去的动作——大家都知道，蔡小美可是班里胆子最小的女生了。

蔡小美马上站起来说："唐老师，我知道啦！这时我们要写这位女生勇敢地抓起虫子，把它扔到花园里。她还对虫子说：'小东西，你赶紧逃命去吧！待在文具盒里，你会憋死的。'这位女生虽然胆子小，可是她心地善良哦！"小美说完，还得意地瞅了一眼沙小呆。

"对，蔡小美的这个反转真棒！"唐老师给她竖起大拇指。

"第三个小妙招呢，就是刻意而为的欲扬先抑或欲抑先扬。这是写人时常用的一种描写技法。欲扬先抑的'扬'，是指褒扬、抬高。

'抑',是指按下、贬低。就是作者想褒扬某个人物,却不从褒扬处落笔,而是先按下,从相反的贬抑处落笔。这种方法使情节多变、波澜起伏,前后形成鲜明对比,容易使读者在阅读过程中产生恍然大悟的感觉,留下比较深刻的印象。"

唐老师给大家讲了"纪晓岚祝寿"的故事(如图1-2所示)。

图1-2 "纪晓岚祝寿"插图

> 大清乾隆平间,王翰林为母亲做寿,特地邀请大学士纪晓岚作首祝寿诗助兴。老纪也不推辞,当着满堂宾客脱口而出:"这个婆娘不是人。"老夫人一听脸色大变,王翰林也十分尴尬。
>
> 老纪不慌不忙念出了第二句:"九天仙女下凡尘。"顿时,全场宾客交口称赞,老夫人也转怒为喜。
>
> 老纪接着高声朗读第三句:"生个儿子去做贼。"满场宾客又是目瞪口呆。
>
> "偷得蟠桃献母亲。"待纪晓岚把第四句吟出,主宾皆恍然大悟,称赞纪大才子才思敏捷,文采斐然。

"孙不空,你来说说纪学士的这首祝寿诗好在哪里?"唐老师讲完故事后,首先提问班长。

孙不空站起来,清清嗓子说:"这首祝寿诗使用了反转。一开头说'这个婆娘不是人',大家都以为老纪是来骂人、砸场子的!主人不高兴,客人很尴尬。接着他说老夫人是天上的仙女,哦,原来他不是骂人,而是夸人呢!这下,主人眉开眼笑。后两句诗也是这样,看得人心情起起伏伏。"

"是的呢!心脏不好的人,都快被他整出病来呢!"猪小戒嘟囔着。

唐老师边微笑着听同学们讨论,边在黑板上画下"纪晓岚祝寿"曲线图(如图 1-3 所示)。

"是的,这首祝寿诗两处反转,让读者心情发生了起起伏伏的变化。所以,一个故事要吸引人,可以从以上三个方面巧妙使用反转。"唐老师总结道。

"刚才的例子中要么是大作家,要么是大学士,可我们是小学生啊,写作文时怎么用反转呢?"沙小呆问。

"这个问题问得好。"唐老师示意沙小呆坐下,然后说,"以小学生经常写的作文题《记一件××事》为例。我们从小到大,经历了很多事,那什么样的事容易让我们记住呢?除了常写的快乐、有趣、激动人心、伤心的事,还有一类事,你们往往想不到,那就是自己做过的囧事。比如:你有一天去钓鱼,以往你会怎么写呢?"

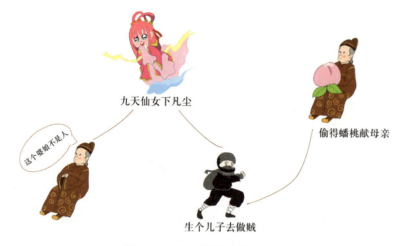

图1-3 "纪晓岚祝寿"曲线图

"肯定是钓到鱼了呗!"孙不空可是钓鱼能手。

"那可不一定,上次沙小呆就是空着手回家的。"猪小戒不忘揭同桌的短。

"嗯,那能不能写一个两种之外的结局呢?"

教室里顿时安静下来。

"比如说,可以写坐着等鱼上钩很无聊,就跑到河边去抓鱼,结果把自己给'钓'进去了……"唐老师提示。

"他肯定是掉河里啦!"猪小戒抢着说。

大家一听,都笑了,这个结局真是太出乎意料啦!

在笑声中,孙不空站起来说道:"唐老师,我还想到一种结局的反转方式——周末,我和我的爸爸一起去钓鱼。天气预报说今天会下小雨,但我们还是去了。谁想中途雨却下大了,我们只能收拾东西回家。可当我们驱车回家时,发现必经的一座小桥被洪水淹没,我们无法通行。附近正好有一家农家乐,店主热情地接待我们,还给我们准备热茶和烤红薯。在店里,我们认识了一位搞生态养殖的农民,他向我们分享了很多有关生态养殖方面的知识。虽然我们没钓到鱼,但是发现了这么好的农家乐,认识了热情好客的店主,学到很多新知识。所以说,这次钓鱼之行充满惊喜与意外。"

"孙不空的这段构思使用了哪些反转?"唐老师问。

沙小呆略一沉思,试探着说:"结局有反转。本来是去钓鱼,鱼没钓着,却发现农家乐,认识店主,还学到知识。这个结果很令人意外哦!"(《周末钓鱼记》曲线图如图1-4所示)

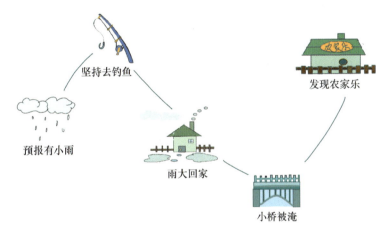

图1-4 《周末钓鱼记》曲线图

"孙不空的构思非常好,对结局进行反转,读来一波三折。沙小呆的总结也很到位,看来大家把反转的绝招学到手了。"唐老师对孩子们这节课的表现非常满意。

"老师,我正月时看的《男生贾里》这部电影,好像就是这样反转的呢!"沙小呆似乎发现了新大陆。

"是呢!小呆说得很对,反转写法不仅在文章中使用,影视作品中也经常出现。可见,电影与写作是有相通之处的。为了让大家更深刻地理解写作方法,丰富写作方法的运用,为师下节课就带你们去

看《男生贾里》。这部电影里藏着本节课的很多反转小妙招,同学们在看电影的时候,一定要擦亮眼睛,不要错过每个小细节。"

"没问题!"同学们跃跃欲试!

1.1.3 《男生贾里》:连续反转,结局总在意料之外

贾里是一个平凡又调皮的男孩,他有个妹妹叫贾梅。贾梅参加了学校里的艺术团,想要在校庆上大放光彩,贾里决定帮助妹妹完成她的心愿,哪知道最后却帮了倒忙,使得贾梅出尽了洋相。

鲁智胜是贾里的死党,为了帮助他戒烟,贾里又想出歪招,虽然最终达到了目的,但也把鲁智胜折腾得够呛。查老师因为贾里给班上女生起外号而对他进行了严厉的批评,不服气的贾里决定偷走查老师的教案,想让他在公开课上出丑。哪知道查老师完美地完成了课堂,这一壮举征服了贾里,让他对查老师言听计从。实际上,贾里内心也有一个梦想,那就是竞选学校里的最佳男生。

那他会不会如愿呢?请在电影中了解这个让人忍俊不禁的男生吧!

一出电影院,同学们就坐在葡萄架下的长亭里讨论起来。

"这部电影中有好几处反转呢!你们发现了吗?"猪小戒迫不及待地嚷嚷。

唐老师摸摸猪小戒的脑袋,鼓励他说下去。

"电影里有人物的反转。你看主人公贾里,一出场那个猥琐的样子!我都觉得导演眼光太差了,为什么要选一个这么瘦弱的男孩子。他还天天想着争当优秀,可能吗?不过,他后面没有写检查,却写了一封'告全校师生书',让校长做出让音响店停业的决定,那一刻,我觉得他真是太酷啦!"

唐老师赞许地点点头:"贾里最大的特点在于他非常真实。他就

是我们身边一个普普通通的男生，调皮搞笑，爱搞恶剧，但热心善良。他尽最大的努力帮助妹妹，帮助同学。我看到后面他放弃竞选时，心里有些酸酸的，但正是这个情节，体现了贾里敢于担当的品质。而这样的结局，又和他前面表现出的性格特点有反差。这里运用了作文小课堂中反转的第二招：设置一个与人物性格相反的举动。"

猪小戒豁然开朗："果然，反转在作文与电影里是通用的！"

唐老师看着孙不空在一旁沉吟，就问："不空，你在想什么呢？"

从电影院里出来之后一直沉默的孙不空这才开口："我觉得，这部电影最大的反转是几个小故事的结局。贾梅想在表演中大放光彩，贾里就为妹妹设计了一个很夸张的动作，以为能成功吸引导演的目光！"

"但导演恰恰喜欢朴实的表演！"孩子们叫着。

"观众席上密切关注导演说话的贾里，也在紧急改变行动方案，他立即决定停止向妹妹发出信号。如果真让贾里心想事成，那就有些俗了！妙就妙在，导演让鲁智胜接过反转的'任务'，把发射信号的帽子拿在手中挥舞。妹妹看到后立即按原计划行事，结果让导演大失所望，愤然离场，全场陷入慌乱之中。"

果然是学霸不空，出口不凡啊！大家都不禁为他鼓掌。

"设计一个令人意想不到的结局，果然又是唐老师为我们讲的反转小妙招！唐老师，你也可以去拍电影啦！"沙小呆对老师一脸崇拜。

"我去拍电影，谁来教你们写作文呢？不过，这部电影中还有其他情节上的小反转。比如说，贾里把老师的教案调包，本想让老师出丑，但老师却完整地背出教案内容，成功让贾里转变为自己的'粉丝'。再如，转学的洪裳拒绝了贾里的地址，贾里以为洪裳不肯原谅自己给她起外号，谁知却第一个收到洪裳的信，而且还在她家过了一个难忘的生日。把这部电影看懂，相信你们就对反转有更深的理解啦！"

通过作文小讲堂学习三个反转小妙招与观摩电影《男生贾里》，"运用反转构思好看故事"就讲完啦！唐老师发起的训练大挑战，你敢不敢参加呢？来来来，一起携手去闯关吧！

1.1.4 闯关挑战一：巧手来反转，相信你能行

闯关挑战第一关

闯关小提示：

反转小妙招一：设计一个与正常事件走向相反的结果。

反转小妙招二：设置一个与人物性格相反的举动。

反转小妙招三：刻意而为的欲扬先抑或欲抑先扬。

闯关大作战

关卡一：请为下面的作文设计一个"反转"结尾。

过期的牛奶

前几天我去奶奶家看望她，奶奶拿过一盒牛奶给我喝。我下意识地看了一眼保质期，已经过期三个月啦。我随手把牛奶扔了，还问奶奶，牛奶都过期了，为什么还拿来喝？

_____

_____

_____

（训练提示：奶奶留着牛奶是为……）

关卡二：请为下面的人物设计一个"反转"举动，并试着编一个故事。

赵小桐是一个热心肠的同学，她的口头禅是"有事找我，帮你搞定"。有一天，她的同桌马小飞生病了，让赵小桐把课堂笔记借给他抄一抄。

_____

_____

_____

（训练提示：赵小桐"变脸"了，她不再热心，因为……）

关卡三：猪小戒的作文没有反转，你能帮他修改一下吗？希望你得到唐老师大大的奖励哦！

_____
_____
_____

【悄悄告诉你：猪小戒的闯关密码在书后哦！】

1.2 黄金构思法之二——设计故事中的小曲折

1.2.1 一用"终于"，你的作文就不好看了

上周四的作文课是创编童话，猪小戒破天荒早早交了作文本。编童话嘛，太简单啦！设置两三个主角，再安排两三个配角，当然，花花草草小动物什么的都能参加。主角配角要么争争吵吵、打打闹闹，要么斗智斗勇、升级打怪，最后来个大圆满、大团圆，一篇童话就宣告结束。

猪小戒感觉自己已掌握了通往藏宝山洞的开门密码，得意扬扬地向同桌沙小呆传授秘籍。谁料沙小呆来了一句：你是在教我写作文吗？这些老套路，我早就知道啦！

"唉，我以为的藏宝图，原来是众人皆知的废纸。"猪小戒好扫兴。

不过，猪小戒还是很期待这节作文点评课：上篇作文自我感觉良好，唐老师会不会表扬我呢？他耳边已经响起同学们的鼓掌声、称赞声，甚至看到妈妈笑眯眯的脸。

等回过神来，唐老师已经站上讲台。

"我来读几位同学的结尾，大家听听好不好。"唐老师念了几篇作文的结尾：

"终于，他们走出密林，回到城堡，过上幸福的生活。

"终于，他们回到家乡，把得到的财宝分给村子里的人，大家都

非常爱戴他们。

"终于,小白兔和小灰兔成为最好的朋友,在森林里快活地过着幸福的日子……"

老师还没念完,底下的同学已经开始暗暗发笑了。

"终于,大丽菊明白了一个道理:谦虚使人进步,骄傲使人落后。后来,她交到很多好朋友……"

终于,教室里的笑声藏都藏不住了。老师最后读的这句话,正来自猪小戒的作文,这会儿他自己听着都有些难为情。

唐老师出示了一张幻灯片,上面的标题是:《西游记》(唐老师版)。

> 唐僧带着三位徒弟,骑着白马,向西天缓缓而行。
>
> 他们晨起朝露,暮披晚霞,日日餐风沐雨。走啊走,走啊走,走了十万八千里,用了十四年。终于,师徒四人抵达西天,取得真经。

"唐老师,如果《西游记》改成这样,我敢肯定没有一个人会看。"

"吴承恩如果知道你这么魔改,棺材板都压不住,一定会跳出来找你的!"

……

等同学们安静下来,唐老师问:"你们为什么笑?"

"'终于'太多啦。"

"在童话创编中,主人公遇到困难,马上就克服;出现险情,立马就解决;学习技能,很快就学会。经历太顺利,文章就没有波折,读者读起来也觉得无趣。特别是一个'终于',把文章的精彩、曲折全都写没了。"唐老师一针见血地指出本次习作普遍存在的问题。

"那不就是故意刁难主人公嘛!让他多摔几个跟头,多踩几个坑,多遇几个坏人,反正,就是不能让他好过。"猪小戒自言自语。

"没错,孺子可教也!"唐老师耳朵可真灵,他迅速地捕捉到猪小戒并不高的声音,"设计波折,赶走'终于',故事才好看!"

1.2.2　设计三个小曲折,牵动读者情绪跟你走

唐老师拿出一本《西游记》,问大家:"这本书中作者设置了哪些勾人灵魂的小钩子来勾住读者的?"

"唐僧总是被抓走,孙悟空总是在打怪。"

"波折设计得好。"

"作者在书中设计了九九八十一难,让读者看得揪心不已,欲罢不能。我小时候还不知道什么是主角光环,每次看《西游记》,总担心唐僧被妖怪吃掉。这种担忧令我一整夜都睡不安稳,第二天便早早等在电视机旁。"唐老师回忆起小时候看《西游记》的情景。"大家想一想,除了《西游记》,哪些童话故事还设计了曲折?"

教室里响起细密的讨论声,大家或前或后或左或右地组成临时小组,不多时,一只只小手就像树苗一样"长"起来。

"《白雪公主》中,王后要加害公主,她前后共下了三次毒手。第一次企图用丝带勒死公主,第二次企图用有毒的梳子毒死公主,第三次企图用毒苹果毒死公主。"蔡小美平时最喜欢看公主系列童话,这不,她率先发言。

"如果王后第一次就把白雪公主勒死了,不是更省事吗?"唐老师故意发问。

"省事是省事,但主角一出场就死了,这故事还有什么可看的?"蔡小美反问。

"《小壁虎借尾巴》中,小壁虎先后向小鱼、老牛、燕子借尾巴,它们都没有借给小壁虎。回家后,小壁虎自己长出了新尾巴。还有《小蝌蚪找妈妈》,小蝌蚪先后遇到鲤鱼、乌龟、青蛙,最后才找到了自己的妈妈。"

唐老师频频点头。

"《去年的树》中,小鸟要寻找它的好朋友——树,第一次问树

根,树根说伐木工把树拉到山谷里了;小鸟来到山谷问大门,大门说树被做成火柴运到村子里了;鸟儿又去村子问小女孩,小女孩说火柴已经用光了。于是小鸟对着那盏火柴点亮的灯,唱起给朋友的歌。"孙不空补充道。(《去年的树》山形图见图1-5)

图1-5 《去年的树》山形图

"作者为什么不让小鸟直接去村子里?绕一大圈不累吗?"唐老师适时引导大家去思考。

"累,真累。但小鸟这样艰辛地寻找朋友,可以看出它与朋友的友谊之深,也可以看出小鸟信守承诺,永不放弃。"

"那能不能多写几次,写个七八次、十几次,这样不是更曲折吗?或者像《西游记》一样,写个九九八十一次,或七七四十九次?"

"那不行吧!太啰唆了。"

"像《西游记》这样的长篇小说,篇幅上允许设计很多曲折。如果是短篇童话,设计多少次比较合理?"

同学们又进入到短暂的沉默状态。而后,有几声试探的回答响起——

"三次?"

"四次?"

"似乎三次比较多!"

猪小戒似乎想到了什么,立刻叫道:"三打白骨精,三借芭蕉扇,三打祝家庄,都是三次!"

同学们纷纷看向猪小戒,那眼神分明在说:哟,这家伙,今天怎么懂得这么多?

唐老师向猪小戒投去惊喜的目光,郑重地说:"'三'在文学作品中是一个神奇的数字。我们在阅读中,常常看到作者会设计三次或多次波折,这叫'三段式'叙事结构。使用这种结构,故事有了悬念,主题更加鲜明。'三段式'叙事结构建立在同一场景多次反复和变奏的基础上,以意想不到的结局收尾,给读者带来巨大的阅读乐趣。"

听唐老师这么一说,猪小戒马上想到自己的作文。有曲折吗?好像有。有三次吗?没有。那得设计出三次来,让故事更好看。正这样想着,唐老师已经把上次的作文发下来,要求大家修改。

猪小戒看着作文本上《大丽菊的故事》开始思考:我要怎样设计出三个波折呢?

大丽菊的故事

从前,有一朵名叫大丽菊的花,她长得特别漂亮。每到春天,她就会自豪地展现自己最美的一面,引得众花簇拥而来,夸赞她的美貌。大丽菊听到这些话,觉得很开心,也变得越来越骄傲。

有一天,大丽菊在自己身边看到一株小草。看着小草那矮小的身材、单调的叶子,大丽菊心中涌起了不屑和轻视:"我多么美丽,而你只是一根不起眼的小草。你怎么有勇气站在我身边呢?"

过了几天,大丽菊发现自己的花瓣逐渐枯萎了。"为什么我

会这样？"她想了许久才明白：原来是因为自己太骄傲了。而草虽然外表平凡，却能吸收营养保持生气勃勃，变得越来越茂盛。

从此以后，大丽菊变得谦虚了，学会了欣赏其他花草的美丽。大丽菊明白了一个道理：谦虚使人进步，骄傲使人落后。后来，她交了很多好朋友……

猪小戒看到原文中的这一句"过了几天，大丽菊发现自己的花瓣逐渐枯萎了"，脑中灵光一闪——为什么不让小草三次来劝说大丽菊呢？小草长得矮，它最先看到大丽菊的根边有一只蝼蛄，于是立即告诉了大丽菊，建议大丽菊找来鸡大哥消灭蝼蛄。但大丽菊以为小草在嫉妒她的美丽，根本不把小草的话当回事儿。

第二次，第三次，直到大丽菊看到自己的花瓣枯萎了，才听从小草的话。于是，赶紧找来鸡大哥刨出土里的大害虫，她才得救了。

猪小戒运用"山形图"画出构思好的《大丽菊的故事》结构（如图1-6所示）。

图1-6 《大丽菊的故事》山形图

下面是猪小戒重新修改的作文。

大丽菊的故事（修改稿）

从前，有一朵名叫大丽菊的花，她长得特别漂亮。每到春天，她就会自豪地展现自己最美的一面，引得众花簇拥而来，夸赞她的美貌。大丽菊听到这些话，觉得很开心，也变得越来越骄傲。

有一天，大丽菊在自己身边看到一株小草。看着小草那矮小的身材、单调的叶子，大丽菊心中涌起了不屑和轻视："我多么美丽，而你只是一棵不起眼的小草。你怎么有勇气站在我身边呢？"

小草听了，没有说话，低下头看着地面。这时，它看到一只肥大的蝼蛄，正在往大丽菊的根里钻，大丽菊底部的叶子开始发黄了。它立刻大叫："大丽菊，有只蝼蛄正要咬你的根呢！你赶紧叫鸡大哥来帮帮忙吧！"

大丽菊正在欣赏自己美丽的花朵，听到小草的话，气愤地说："你是在诅咒我吗？恶毒的东西！我看你是在嫉妒我吧！"

小草只好默默地低下头。几天以后，蝼蛄咬断了大丽菊的一条根。小草又说："亲爱的邻居，你必须尽快去找鸡大哥，蝼蛄已经咬断你的一条根了！"

大丽菊的美梦被小草惊醒，心里很生气：这棵讨厌的小草，就是见不得我长得漂亮，才一次一次地打扰我！哼，我才懒得理你呢，你自言自语去吧！

小草看到大丽菊不理它，心里很难过。此时大丽菊的叶子已经打蔫了。

这一天，大丽菊突然看到自己美丽的花瓣逐渐枯萎了。她又惊又怕："为什么我会这样？难道小草说的话是真的吗？"这时，她听到脚下的小草又说话了："大丽菊，你再不找鸡大

哥消灭那只蝼蛄,你的根就要被它啃完了!"

大丽菊低下头,看到自己的根已经断了好几条。她赶紧叫来鸡大哥,把蝼蛄吃掉了。

从此以后,大丽菊变得谦虚了,学会欣赏其他花草的美丽和长处,交到很多好朋友。

(《大丽菊的故事》插图见图1-7)

图1-7 《大丽菊的故事》插图

猪小戒看到同学们陆陆续续把改好的作文交给老师，自己也赶紧交了上去。他对自己的这次修改很有信心，觉得唐老师肯定会表扬他的。

唐老师收齐孩子们的作文本，又抛出一个问题："设计波折的'三段式'叙事结构只能用在童话中吗？写事作文中可不可以用？如果我们要写一篇《我学会了＿＿＿＿》的作文，该如何设计波折？"

"我那次学习煎鸡蛋，中间就出现过几次小插曲。第一次没经验，忘记放油，鸡蛋都粘在锅上了。第二次鸡蛋煎的时间过长，焦了，那味道可真是一言难尽！第三次是蛋黄破了，煎鸡蛋变成炒鸡蛋。我可以在'学会'过程中设计三次'不成功'，最后写'学会'了，这是不是'三段式'叙事结构的运用呢？"孙不空率先说。

沙小呆沉吟着站起来："我可以写《我学会了骑自行车》：第一次骑，我没有握好车把，摔了一跤；第二次骑，我坐在后座上，踮着脚，倒了；第三次骑，我以为自己掌握了方法，大意失荆州，摔了。"

"不错，不错！大家可以举一反三了。故事中常用'三段式'叙事结构，文章就会更好看哦！"

"既然我们表现这么好，那，电影的话……"猪小戒赶紧接过唐老师的话头。

"必须看啊！"唐老师爽快地说。

1.2.3 《人在囧途》：回个家，就那么难吗？

春节将近，玩具集团老板李成功（徐峥 饰）回长沙过年，在机场遇到前往长沙讨债的"资深"挤奶工牛耿（王宝强 饰）。为了能够回家，二人结伴而行，他们换了各种交通方式，奔波在回家的路上，飞机、火车、大巴、轮渡、搭货车，甚至拖拉机……两人路途中囧事不断，也遭遇了各式各样的人和千奇百

怪好笑的事情，弄得李成功狼狈不堪，高贵形象荡然无存。牛耿却不以为意，乐观积极。

遗憾的是，两人最终还是在荒郊野外度过了大年三十。这一路的艰辛与路途中遇到的人或事，让两人对人生有了更深的理解和感悟从敌对转变为朋友。

"我要宣布一个重大发现！"从电影院里一出来，猪小戒就大声嚷嚷，那表情似乎是哥伦布发现新大陆。

孙不空一脸不屑，但也没吭气，静静地等着猪小戒宣布他的新发现。

"唐老师让我们看的电影，好像都与作文课上的写作方法有关系啊！上次学作文反转，电影《男生贾里》就是用反转的。这次作文课讲设计波折，刚才的电影《人在囧途》不就是讲李成功与牛耿去长沙一路的波折吗？"猪小戒兴奋地说。

算他说得不错，孙不空心里想。但他还是想考考这个看起来傻乎乎的同学。

"那李成功与牛耿一路经历过哪些波折呢？你还记得吗？"

"我来想想。"猪小戒挠着头，似在回忆电影情节。

"遇到大雾航班取消！"

"二人改乘火车，因道路塌方火车停止前进！"

"坐大巴因路不通又折回来！"

"坐轮渡遇上女骗子！"

"打彩票中了一辆面包车，可惜翻沟里啦！"

"最搞笑的是坐一辆拖拉机，二人顶着一身鸡毛到达长沙！"

猪小戒还未理出头绪，大家已经七嘴八舌地讲出剧情。

"这俩人一路真是太不容易了！导演就是专门折腾他们，不地道啊！"猪小戒长叹一声。

"如果减掉一些波折呢?"唐老师不知何时出现在大家身边。

"估计没现在这么有趣,观众看得不起劲。"

"那就凸显不出这部电影题目中的'囧'了。"

"对,回家很难,故事才好看。这部电影中讲故事的方法,我们完全可以用到作文中去呦!"唐老师最后总结。

由唐老师发起的第二次闯关大挑战已经开始,同学们,你敢来参加吗?

1.2.4 闯关挑战二:为故事设计曲折

闯关挑战第二关

闯关小提示:

提示一:设计波折,故事才好看。

提示二:设计三次或多次波折,叫"三段式"叙事结构。

提示三:"三段式"叙事结构让故事有悬念,主题更鲜明。

闯关大作战

运用本次所学方法,为下面的故事设计三个小波折。

小猴阿布开店记

从前,有一只小猴叫阿布,它喜欢玩买卖游戏,所以它决定开一家小店,卖水果、蔬菜,以及各种小玩具。

阿布早早地起床,开始准备开店的事情。他去山上采摘了一篮子新鲜的水果和蔬菜,在市场里批发了一些小玩具,然后把它们放在商店里,等待顾客来买。

(《小猴阿布开店记》山形图见图1-8)

阿布努力经营着自己的小店,使之成为城市中最受欢迎的商店之一。阿布用他的经历告诉我们:即使你面对困难和挑战,只要你持续努力和改进,就能实现自己的梦想。

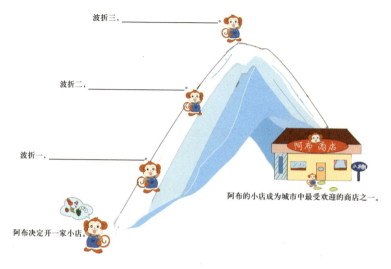

图1-8 《小猴阿布开店记》山形图

【悄悄告诉你：猪小戒的闯关密码在书后哦！】

1.3 黄金构思法之三——用小视角写大事件

1.3.1 与好作文的差距：好作文在写"小"，你在写"大"

"唐老师说省里有个征文比赛，建议同学们都参加。征文比赛的具体要求，请大家看这里。"课间操之后，班长孙不空学着唐老师的样子，用黑板擦敲敲讲桌，郑重地宣布这则重要通知。

同学们暂停说笑打闹。

孙不空把征文比赛通知投影到黑板上——

本次大赛以"我的航天强国梦"为主题。我国载人航天事业取得的辉煌成就，让我们每一个中国人感到骄傲和自豪，我们青少年应当有严谨求实的科学态度和勇攀高峰、敢为人先的创新精神,坚定航天强国信念,以航天精神为引领,做更好的祖国未来事业的建设者和接班人。

乙组【4~6年级】:要求400~800字,以下题目任选一个。

半命题:(1)《浩瀚宇宙_____》
（2）《传承航天精神_____》

全命题:(1)《筑梦航天》
（2）《摘星星的妈妈》

"既然是比赛,有什么奖品吗?"沙小呆的关注点总是很独特。

"当然——有咯——"孙不空的目光在通知上扫了一遍,聚焦在"大赛评选及奖项设置"那几行,"获奖小作者本人将被邀请成为少儿文学报2023年特约小作家,一等奖作者将受邀参观北京航天城……"

"哇,可以去北京,太好啦!我得努力争取这个机会。"猪小戒兴奋起来。可一想到自己作文写得不好,大奖遥不可及,他心里又很丧气。

放学回家后,猪小戒心事重重地吃着饭。爸爸知道了说:"儿子,既然要写航天强国梦,你得查找我国航天事业的发展史吧,你得了解为航天付出努力的航天人吧!多找找资料,写作时就有话可说了。"

吃过饭,猪小戒一头扎进电脑里。从著名科学家钱学森向中央提出《建立我国国防航空工业的意见书》开始,到现在取得的成就,从航天员的训练,到我国优秀航天员的成长故事,资料足足打印了几十页。可看着这一沓资料,猪小戒更不知道从哪里下手了。

人常说:巧妇难为无米之炊。为什么我的"米"准备了这么多,还是写不出作文来呢?难道我真的没有写作天赋吗?猪小戒失落地躺在床上。

还是明天向唐老师取取经,唐老师都说我"孺子可教"呢!这样想着,猪小戒慢慢进入了梦乡。

1.3.2 一学就会的"以小写大"法，只用四步

来到学校，猪小戒听到同学们都在抱怨这次的征文难写，瞬间他心里好受多了——原来，不会写作文的人不止我一个啊！

本来第二节是语文课，但大家都在求助唐老师征文的写法，唐老师不得不临时调整上课内容。好在收到通知后，唐老师已经认真备课啦！

唐老师变戏法般地从教材中翻出一片黄黄的树叶，说："这是我早上来学校途中捡到的，计划做一枚书签。大家看到这片黄色的树叶，会想到什么？"

"秋天来了！"很多同学说道。

"见一叶落而知秋。反过来，我们要写秋天来了，会选用哪些景物？"唐老师追问。

教室里响起孩子们此起彼伏的声音：逐渐凉爽的天气，辽远的天空，南飞的大雁，地里成熟的庄稼，枝头沉甸甸的水果，或红或黄的树叶，盛开的菊花……唐老师仔细地听着，不住地点头。

等孩子们安静下来，他才说道："秋天，是一个很抽象的季节名词。虽然它不像桌子、黑板等事物，让你看得着摸得到，然而大家刚才列举的一系列事物，却都能表现出秋天来了，秋天切切实实在我们身边。秋天是季节，是大概念，树叶是小事物，小是大的一部分，大事是通过小事来反映其本质特征的。

"在写作文时，通过小题材、小事件和小细节来揭示重大主题、反映深广内容的写作方法，叫以小见大，或称小题大作法。以小见大法的特点就在于抓住一事一物、一情一景，从大处着眼、小处落笔，深入发掘，展开联想，为读者创造一个比现实生活更为广阔、更为深远的艺术境界。"

同学们沉默着，似乎在思考老师刚才的这番话与征文的关系。

唐老师并不着急，他很理解孩子们此时的沉默。从沉默中，他似乎看到孩子们脑中的思维树在渐渐生根。

"请问,本次征文中的航天强国是大事件还是小事件?"

"大事件!"所有孩子异口同声地回答。

"秋天,用树叶这个小事物来表现。那我国航天事业这个大事件,是不是也得用小事物来表现呢?"唐老师问道。

孩子们纷纷点头。

"这也是老师今天教给大家的第一个方法:用小事物、小细节,看大发展、大变化。航天事业中有哪些小事物、小细节呢?我们不妨来看看这几位宇航员。"唐老师出示翟志刚、王亚平、叶光富三人的照片(如图1-9所示),问:"如果让你选择一位来写,你写谁?为什么?"

图1-9 伟大的宇航员

"我要写王亚平。因为她是这几位中唯一的女性,而且是我国第一位在太空漫步的女宇航员。"蔡小美率先表态。

"不错,不错,看来你做了功课。如果写王亚平,是写她艰苦训练,还是与女儿分别?"唐老师继续发问。

同学们迅速分成两派。

孙不空作为"艰苦训练代表"发言:"我认为写艰苦训练的事迹比较好。众所周知,宇航员的训练是魔鬼式的。我所了解到的离心训练、失重水槽训练、转椅训练、电动秋千训练,分分钟让你痛苦到怀疑人生。就拿转椅训练来说,速度为2秒/转,普通人连1分钟都难坚持,而宇航员要坚持15分钟才达标,也就是说他们要连续转450多圈。这些事例,让大家更能了解宇航员的不易。"

孙不空的发言引来一片欢呼声。

平时极少发言的李晓妍这次高高举手,她可是班里公认的"高冷学生"。"我选择她与女儿分别的事例。王亚平是宇航员,但她也是一个妈妈、一个妻子。她上太空时,女儿才六岁。一个六岁的孩子要与妈妈分开半年,这对母女俩来说是多么漫长的时光啊!她们多么思念对方啊!三年级时,我妈妈去上海出差。尽管她每天给我打电话,我依旧偷偷哭了好几次。妈妈因为担心我,工作都受到了影响。后来碰到出差任务,她能不去就不去。可是王亚平为了我国的航天事业,甘愿与女儿分开那么久!"她说着,声音有些哽咽了。(《摘星星的妈妈》插图见图1-10)

同学们把目光投向唐老师,似乎想请他做出评判。

唐老师说:"其实这两个素材都可以写。'训练'和'分别'两个小事例,都展现出航天人的家国情怀。从这些小视角切入,反而更加真实、更有力量。我们再来看这则征稿。"

图1-10 《摘星星的妈妈》插图

唐老师又出示一张幻灯片:

> 70年的光荣梦想,风雨兼程;
> 70年的灿烂辉煌,踏浪逐梦;
> 70年的蒸蒸日上,铭记感恩。
> 　　喜迎祖国生日之际,各位同学感知到身边翻天覆地的变化,赞叹与时俱进的伟大成就,执笔抒发对祖国母亲的热爱和祝福,于巍峨高山,于浩荡洪流,进一步明确作为社会主义建设者与接班人的使命及担当,书真心为祖国喝彩,寄真情载梦想远航。

"要凸显改革开放的巨大变化,还是要从身边小事入手。可以选择哪些小事件、小细节呢?"

猪小戒略一沉吟,站起来说:"可以用交通工具体现变化。我爷爷常说,他们年轻时去哪儿都是步行。他12岁去邻县拜师学艺,挑着60斤粮食走了三天三夜。后来有了自行车、摩托车,爷爷非常高兴!前几年,爸爸开着小轿车,带爷爷去老人年轻时学艺的地方旧地重游,你们猜用了多长时间?三个小时!爸爸还带爷爷去坐飞机,

藏在电影中的作文写作密码

爷爷笑得眼泪都快流出来啦,一直在说:这个社会真好啊,变化太大了……"

"也可以写穿着打扮。奶奶的经典名句是:新三年旧三年,缝缝补补又三年。爸爸小时候,补丁衣服基本消失,但样式比较少,大多为手工缝制。到我们这一代,大家也都看到了,衣服花样繁多,功能齐全。"沙小呆也说。

"没错!从吃饭也可以看出来。外婆一看到我剩饭,就讲她们小时候都要吃树根呢!现在呢,想吃什么吃什么……"

大家叽叽喳喳,从很多角度讨论了祖国变化之大。

唐老师示意大家安静下来,继续讲道:"用小事物、小细节,可显露人物深情。如孟郊的《游子吟》:慈母手中线,游子身上衣。临行密密缝,意恐迟迟归。谁言寸草心,报得三春晖。这首诗通过母亲为要出远门的儿子一针一线缝制衣服的生活细节,赞颂伟大而永恒的母爱。"

猪小戒突然想到自己的外婆。她总会用一把小钳子一颗一颗地剥核桃。有时还用牙签把缝里的核桃仁一点点抠出来,手指都快抠出血啦!她剥出满满一碗核桃仁,自己却舍不得吃一口。她说小外孙读书要用脑,多吃核桃可以补脑。这小小的核桃,其实是外婆深深的爱啊!(剥核桃的外婆见图1-11)

图1-11 剥核桃的外婆

猪小戒正回忆着，又听到唐老师说："用小事物、小细节，可揭示深刻道理。比如很多同学看过《小故事大道理》这本书，它往往先讲一个小故事，再告诉人们一个道理，这也是很典型的以小见大写法。"

唐老师讲起他曾经读过的一篇文章《一棵核桃树》：荒芜的菜地里突然长了棵树，4岁的儿子根据爷爷家枣树的样子，猜测这棵树也是枣树；农校的朋友审视之后说是李子树；乡下来的爷爷自信地说是樱桃树。后来开发公司的画线员又说这是一棵核桃树，因为树梢那里挂着一颗小小的核桃。

文章的结尾，作者是这样写的：它要我知道，作为一个人，你必须奉献出自己的果实，否则在这个世界上，没有谁会真正认识你。确实如此啊！自古迄今，地球上诞生了那么多的人，被我们认识的，都是那些在自己的生命树上结出果实的人。

"你看，作者用核桃树这个'小物'，揭示了一个大道理。"唐老师强调。

没想到，以小见大写作法还有这么多用处呢！猪小戒暗自感叹。

本以为唐老师讲完了，但幻灯片上又出现了一段文字：

> 有一回上公开课，老师按顺序点名请同学回答问题，前一个同学还没回答完，她就已经非常紧张了。她的目光像雷达一样四处游走，似乎想要搜寻些什么。她的眼神是那么不安，甚至不敢接触任何人的目光。只见她慢慢地把头低下去，仿佛把头低下去老师就看不见她似的。她小小的手掌早已铺满了汗水，就连手背都被汗水打湿了。
>
> 老师在我们的意料之中叫了她的名字。"啊！啊？这……"同桌惊慌失措的声音和四下逃避的目光让我不禁为她暗暗捏了一把汗。万幸的是，同桌在惊恐之中吞吞吐吐地说完了答案。当老师宣布答案正确后，她一屁股坐下，像重回人间般叹了口气。

"同桌也太害羞啦！又不是不会回答问题，干吗紧张成这个样子？"沙小呆一看完就嘀嘀咕咕。

"你是从哪些地方看出同桌很害羞的？"唐老师示意沙小呆继续说下去。

"目光像雷达一样游走，眼神是那么不安，慢慢把头低下去，手掌早已铺满汗水……还有——老师宣布正确后，她像重回人间般叹了口气。"

"这些啊，都是些小细节，恰恰是这些小细节，生动地刻画出人物的形象特点。这也是以小见大的第四种方法：用小事物、小细节来刻画人物形象。"

猪小戒回味着这节课讲授的方法，心里很是佩服唐老师。孩子的生活本来就是平凡琐碎的，哪有那么多轰轰烈烈的事情去写。这下好了，小事情、小事物、小细节，都可以写出大道理、真感情来，真是太棒啦！

"唐老师这次给我们看的电影，是不是也藏着一些小细节呢？"猪小戒不禁期待起来。

1.3.3 《狙击手》：那么大的战场，我只选择一条战壕

该片以抗美援朝战争中的"冷枪冷炮运动"为背景，通过一段中国志愿军狙击队与美军狙击队之间的殊死对决，展现了朝鲜战场上志愿军战士艰难取胜的英勇故事和可歌可泣的奉献精神。

在连长（张译 饰）带领下的狙击五班战士枪法过人，成为敌军的心头大患，班长刘文武（章宇 饰）更成为敌军的重点狙击对象。

为重创狙击五班，敌方调配精英狙击小队，配备最先进的武器装备，更迫使狙击五班战士大永（陈永胜 饰）等人为救同

伴进入其设好的险境。但正当敌军打响自己如意算盘之时,他们未料到,被他们当作诱饵的侦察兵亮亮(刘奕铁 饰)身上其实隐藏着更大的秘密……

当唐老师说要带大家看一部抗美援朝电影时,猪小戒一直以为是《长津湖》。他特意看了剧情介绍、电影海报,准备观影结束后为大家说道说道。

然而,他看到的是张艺谋、张末父女联合拍摄的《狙击手》。

对比《长津湖》恢宏、震撼,数百人、数千人的大场面,猪小戒在观影时,就知道唐老师带大家看这部电影的原因——它完全采用的是本次作文中讲的"以小见大"的拍摄手法嘛!

同学们也看出端倪,围绕着唐老师"说说电影中小与大"的问题,纷纷发表看法。

"我先说我先说。"猪小戒被表扬上了瘾,要为自己再次争取受表扬的机会,"小嘛,首先体现在场面上。90分钟的电影,他们几个人就在一条战壕里窜来窜去,双方的人也少,不到20个吧!我都没过打仗这么点人的电影。没有飞机,没有坦克,没有大炮,唉,这导演也太会省钱了!但一个个小场面加起来,就是伟大的抗美援朝大场面啊!"

唐老师果真表扬了猪小戒,他乐呵呵地坐到一边,听同学们发言。

"我觉得'小',还体现在人物上。小徐从前到后就惦记个望远镜,可临死也没用上;绿娃子上阵需戴两副手套,因为里面那副绿手套是他媳妇亲手织的;胖墩没文化,临死前还告诉战友,给儿子起名叫'铁板'……他们都是小人物,是儿子,是丈夫,是父亲。可战场上那么多人,哪个不是普通人?五湖四海的普通人聚在一起,就建起抗美援朝战场上的钢铁长城,生生把武器精良的美国佬赶回老家！"孙不空讲得慷慨激昂，唾沫星子乱飞，唐老师带头为他鼓掌。

讨论暂停下来，大家似乎都在努力回忆电影中的"小"。

短暂的安静过后，蔡小美试探着说："我还想讲讲小人物——大永，几个人里我最喜欢他了。他是班里年龄最小的，还喜欢哭，战友们牺牲，他都要哭一场。他是五班唯一活下来的人，并且圆满完成任务。当他把情报交给连长时，他又哭了。'小'大永其实是在场上的'大'群体——那群还是孩子的士兵。我看过一个报道，抗美援朝的士兵最小的只有十岁，文艺女兵的平均年龄也就十六七岁，还是未成年人啊……"

"对对对，说到'小'，我又想起了一个人——朝鲜的那个孩子，叫什么来着？"孙不空脑海里突然灵光一闪。

"柱元！"

"对，柱元！他为了救亮亮，在子弹不长眼的战场上来回穿梭。亮亮把情报粘在柱元的头发里，成功地瞒天过海（如图1-12所示）。柱元与亮亮的友谊，体现的是中朝人民的友谊，这是非常典型的以小见大的表现方式。"孙不空补充道。

图1-12　头发里的秘密

小事件，大友谊，是大家在阅读时常看到的写作技法，所以听孙不空这么一说，大家频频点头。

　　"冰天雪地里，一条战壕，双方都不足十人，一个小小的朝鲜儿童，藏在头发丝里的情报。处处小，却处处大，国师张艺谋的这部电影，让大家见识了什么是以小见大。"唐老师微笑着总结。

　　闯关会是什么呢？猪小戒不由想着。

1.3.4　闯关挑战三：如何找到写作"小视角"

闯关挑战第三关

闯关小提示：

提示一：用小事件、小细节，看大发展大变化。

提示二：用小事件、小细节，显露人物深情。

提示三：用小事件、小细节，揭示深刻道理。

提示四：用小事件、小细节，刻画人物形象。

关卡一： 如果你要表现你所在城市的发展变化，你将选择哪些小事件或小细节？

_____

_____

_____

（闯关提示：我可以从街心公园的变化来写……）

关卡二： 如果你想表现新来的班主任很严厉，你将选择哪些小事件或小细节？

_____

_____

_____

（闯关提示：他的眼神时时透着凶光……）

【悄悄告诉你：猪小戒的闯关密码在书后哦！】

1.4 黄金构思法之四——反常法写故事

1.4.1 逼迫儿子去跳水,这是好父亲吗?

课间争执是从猪小戒提出的问题开始的。

预习完课文《跳水》后,猪小戒对文中的爸爸颇有微词。儿子与猴子打闹,爬到桅杆上进退不得,他爸爸居然让儿子跳进海里,而且还拿枪对着儿子,说什么不跳就开枪之类的话!这是当爸爸应该有的态度吗?这个爸爸不担心儿子跳下去会有危险吗?这也太反常了吧?

猪小戒把想法告诉沙小呆,沙小呆一愣,转而反驳道:"同志,你最好看看清楚!儿子已经爬上桅杆,一旦掉在甲板上,是会摔死的!不跳到海里,还有更好的方法吗?"

二人的争执吸引了孙不空,他可是看热闹不嫌事大的人。孙不空说:"水有缓冲作用,会降低对人体的伤害,如果能像跳水运动员一样,落水时先用手触水,落水的危害比掉到地上小得多。所以,让儿子跳入水里,是父亲在短时间内权衡利弊之后,最为妥当的决定。"

"反正我觉得这个父亲有些不通情理。"猪小戒争不过二人,只能耍赖力辩。

学校规定老师要提前三分钟进教室,所以这三个孩子的争执也被唐老师听到了。他很欣慰孩子们能辩证地看课文,同时觉得猪小戒的质疑很有价值。

这篇文章如果按常规思路来写,会是什么样的?唐老师让大家做出假设。

孩子们列举了若干种可能——

父亲慌张地叫着"儿子,我来救你啦",然后自己爬上去救儿子;

父亲让儿子顺着桅杆往回走;

父亲着急地哭了，咒骂那只猴子；

父亲命令水手去救他的儿子……

但事实是，这些常见的动作不但不能救孩子，反而会搭上其他人的性命。

文中父亲的做法初看有些荒唐，但仔细一想，反常才是营救儿子的唯一方式。作者托尔斯泰设置这种"反常"的写作方式，扣人心弦，掀起高潮，解决矛盾，而且还突出人物性格——船长在千钧一发之际表现得果断冷静且经验丰富，真不愧是一艘环游世界返航的轮船船长啊！

该发生什么就发生什么，文章反倒不合常理了。那如何用反常法构思作文呢？唐老师想从这个角度构思下一节的作文课。

1.4.2 反常理反常情，让读者耳目一新

周四一上作文课，唐老师就为大家展示了课文《草船借箭》中的一段文字：

> 周瑜看到诸葛亮挺有才干，心里很嫉妒。
>
> 有一天，周瑜请诸葛亮商议军事，说："我们就要跟曹军交战。水上交战，用什么兵器最好？"诸葛亮说："用弓箭最好。"周瑜说："对，先生跟我想的一样。现在军中缺箭，想请先生负责赶造十万支。这是公事，希望先生不要推却。"诸葛亮说："都督委托，当然照办。不知道这十万支箭什么时候用？"周瑜问："十天造得好吗？"诸葛亮说："既然就要交战，十天造好，必然误了大事。"周瑜问："先生预计几天可以造好？"诸葛亮说："只要三天。"周瑜说："军情紧急，可不能开玩笑。"诸葛亮说："怎么敢跟都督开玩笑？我愿意立下军令状，三天造不好，甘受惩罚。"

"大家猜一猜，诸葛亮知道周瑜嫉妒自己吗？"唐老师问。

"知道！"

"诸葛亮知道周瑜是利用公事给自己挖坑吗？"

"知道！"

"如果是普通人，会怎样？"

"立马跑掉，永远有多远，就跑多远。"

孩子们笑成一团。

"但他是诸葛亮啊！明知此处有深坑，偏向坑中行。作者这样写，有什么好处？"

"表现诸葛亮牛呗！周瑜你要给我挖坑，我偏在坑里待着，关键时刻一跃而起，给你好看！"猪小戒叫着。

"吸引读者！他是怎么爬出坑的，我要看我要看！"蔡小美说。

"是的。诸葛亮明知周瑜要他十天造十万支箭是有意陷害，他却提出以三天为期，这是'反常'。'常'是指读者心目中习惯的情、熟悉的理。比如说诸葛亮明知周瑜陷害自己，常理是能避则避。《跳水》中的父亲看到儿子身陷险境，常情是扑上去救人。

"反常，即违背常情常理，违反常态。写作中，通过描写违反常理常态的事情，或者人物违反常情常理常态的言行举止，刻画人物形象，表现主题，称反常法。反常法往往可以使故事情节更加曲折惊险，人物性格更加鲜明突出，收到出人意料、使人震撼的艺术效果，给读者留下强烈而深刻的印象。"

看到同学们茅塞顿开，唐老师趁热打铁追问："在你们印象中，公主的形象是什么样的？"

作为公主童话的铁杆粉丝，蔡小美的脑中瞬间浮现出很多作品，什么《豌豆公主》《白雪公主》《睡美人》等。这些作品中的公主大多美丽、温柔、善良，而且都很娇弱，需要别人的保护，故事的结局大多是公主和王子过上了幸福的生活。

这时候，唐老师拿出罗伯特·蒙施的绘本《纸袋公主》，封面（如图1-13所示）上是一个瘦骨嶙峋，头发蓬乱，穿着纸袋，赤着脚板的女孩儿,她前面是一条巨大的火龙。同学们看后,眼神里满是疑问:这,也是公主?

图1-13 《纸袋公主》绘本封面

"没错,她的确是一位公主。"唐老师对大家的反应很满意——这位公主的确反常。他开始讲纸袋公主的故事:

伊丽莎白公主和英俊、潇洒、聪明的王子阿诺订婚了。婚期将近,一只喷火龙入侵。它喷出熊熊火焰,击毁了伊丽莎白的城堡,还把阿诺王子抓走了。伊丽莎白穿着一个被烧得仅剩的纸袋去追喷火龙,要把阿诺王子救回来。她来到山洞前,向喷火龙发起挑战。喷火龙看到这位瘦弱的女子,笑得都快直不起腰了。

伊丽莎白公主夸奖喷火龙是全世界最聪明、最强悍的动物,并让它展示强大的威力。喷火龙听了很高兴,喷出好多好多火焰,一下子烧掉50座森林。伊丽莎白公主对它赞不绝口,喷火龙更为得意,喷出更多火焰,又将100座森林烧光。

喷火龙在伊丽莎白公主的夸赞下，花了10秒绕地球一圈。他已经累得一躺下就睡着了。这次，它什么也喷不出来了。伊丽莎白不罢休，质疑喷火龙是否有10秒飞绕地球一圈的能力。喷火龙急了，马上跳起来接受挑战，而且真的只花了10秒。

这时的喷火龙完全没有力气了。伊丽莎白公主立即进入山洞，来到王子面前。

故事讲到这里，同学们脸上的不屑消失了。与童话中那些美丽娇柔，处处需要人保护的公主相比，勇敢、智慧，为爱奋不顾身努力营救王子的纸袋公主，真值得人尊敬。

"作者真会制造反常啊！身为一个男子，我都希望有这样的女朋友。"猪小戒忍不住发表观点。

教室里哄堂大笑。

唐老师忍住笑，问班里的男生："如果你是阿诺王子，有这样的未婚妻，你会怎样？"

教室里的笑声根本停不下来，男生们相互挤眉弄眼，不好意思回答这个问题。

最后还是沙小呆忍住笑，一本正经地说："我会把伊丽莎白公主娶回家，一辈子感谢她的救命之恩，好好与她过日子。"

孩子们又"轰"地笑了。

唐老师示意大家安静，展示出故事结尾：

> 伊丽莎白走过火龙，打开门进入洞穴。
>
> 阿诺王子就在那儿。他上上下下打量着她说："伊丽莎白，你真是一团糟！你全身都是烟灰味，头发乱七八糟，还穿着一个又脏又破的纸袋。等你穿得像个公主再来吧！"
>
> "阿诺，"伊丽莎白说，"你的衣服是很漂亮，你的头发非常整洁，你看起来真像个王子，但你却是个没用的家伙！"（《纸袋公主》插图见图1-14）

图1-14 《纸袋公主》插图

"这就是地道的渣男嘛!"

"这王子也太没良心了吧!"

大家纷纷谴责阿诺王子。

只有孙不空敏锐地意识到:"这是反常。通过阿诺王子违反常情常理的言行举止,来刻画伊丽莎白公主的形象!"

唐老师给孙不空点了个大大的赞,总结道:"在这个故事中,有三处反常。一是纸袋公主的形象的确与我们印象中的公主形象有别;二是阿诺王子最后的态度的确与常人相悖;三是这个故事的结局的确与同类题材的故事不同,公主没和王子幸福地生活在一起,而是把王子甩了!"

同学们又开始笑了。

在笑声中,同学们对"反常情反常理"有了更深的认识。但唐老师仍未停止他的引导。紧接着,幻灯片上出现的是《水浒传》中的一段文字:

武松乘着酒兴,只管走上冈子来。走不到半里多路,见一个败落的山神庙。行到庙前,见这庙门上贴着一张印信榜文,

> 武松住了脚读时,上面写道:
> 　　阳谷县示:为这景阳冈上新有一只大虫,近来伤害人命,见今杖限各乡里正并猎户人等,打捕未获。如有过往客商人等,可于巳、午、未三个时辰,结伴过冈。其余时分及单身客人,白日不许过冈,恐被伤害性命不便。各宜知悉。

"前后共吃十八碗酒,一轮红日渐下山头,官府明文有大虫出没,这样的情况之下,常人会怎样做?"唐老师问。

"赶紧返回,千万不能过冈。"

"如果武松是常人,后人就看不到精彩的'武松打虎'了。施耐庵就是利用反常理写法,塑造了武松这一英雄形象。"

唐老师又出示《红楼梦》中林黛玉的图片。"这个老套的三角恋故事大家都知道。林黛玉得知贾宝玉和薛宝钗已经成亲,她的反应会是如何?"

这节课同学们已谙"反常"之法,没有人说林黛玉会一如往常哭哭啼啼了。

唐老师出示了黛玉临终前的两段描写,果然,黛玉一直都是笑着的——

> 紫鹃见他(林黛玉)说话明白,倒放了心了,因说:"姑娘刚才打老太太那边回来,身上觉着不大好,唬的我们没了主意,所以哭了。"黛玉笑道:"我那里就能够死呢。"
> 　　……
> 　　只见黛玉微微睁眼,看见贾母在他旁边,便喘吁吁的说道:"老太太!你白疼了我了!"贾母一闻此言,十分难受,便道:"好孩子,你养着罢,不怕的。"黛玉微微一笑,把眼又闭上了。

"黛玉得知宝玉要娶宝钗时,她一直都是笑着的。她笑着见到宝玉,笑着回到潇湘馆,笑着躺在床上,笑着应对贾母的探望,此后离开人世。(临死前的黛玉如图1-15所示)这种极反常情的'笑',更能体现这部作品的'悲'。"唐老师总结道。

图1-15 临死前的黛玉

同学们在想象林黛玉临终前笑的样子时,无不面带凄然,完全没有讨论《纸袋公主》时的欢快了。

"好了,同学们,我们要离开《红楼梦》,去看电影咯!"唐老师的话像一把扫帚,一扫孩子们的难过。转眼间,教室就空了。

1.4.3 《三个强盗》:你没看错,强盗不盗了……

电影描述三个装扮和武器都很奇特的强盗,他们在山洞里存放了一箱箱抢来的金银财宝,但从没想过要用这些财宝……直到有一个夜晚,他们拦下的马车里竟然只有一个名叫芬妮的孤儿,他们将小芬妮带回了山洞。之后,强盗被纯真的小芬妮感动了,用以前抢来的财宝盖了一座城堡模样的福利院,把所有走丢的小孩、不快乐的小孩和没人要的小孩，统统找了来，让孩子们都有地方住。孩子们长大了，心存感激，便建了三座像强盗帽子形状的塔，来纪念这三个强盗。"

从影院出来，猪小戒的嘴噘得能挂个油瓶——这电影实在是太短了，一点儿也不过瘾！

唐老师摸着猪小戒的头嘿嘿一笑："有句话说得好，浓缩的都是精华。美国有家皮克斯动画工作室，他们拍的动画短片多次获得国际大奖。可见电影和作文一样，不能单纯以长短论英雄。"

"唐老师，刚才说的皮皮虾电影，你什么时候给我们看？"猪小戒永远都能在别人的话语中捕捉到自己的兴趣点，而对其他选择性忽略。

"是皮克斯，不是皮皮虾。"唐老师拍拍猪小戒的脑瓜，"有的是时间，不急不急。我们先来说说今天这部电影吧！"

话题被拉回来，同学们围绕着"强盗"打开了话匣子。"电影一开始并未有反常之处。三个强盗与常见强盗无异，身穿黑斗篷，目露凶光，到处抢人东西。他们的武器杀伤力也很强，胡椒粉喷雾喷马的眼睛，红斧头砍马车，喇叭枪赶走乘客，人们见到他们很害怕。他们藏身的山洞和土匪山寨一样，堆满金银财宝。"沙小呆说。

"反常是从遇到小女孩儿芬妮开始的。三位强盗一改凶狠本色，精心照顾着小女孩儿，这是典型的反常理。这么温柔的强盗，可是世界罕见呢！"蔡小美接住话题。

"最反常的是强盗们用抢来的财宝建了一座城堡，很多无家可归的孩子被送到这里。孩子们长大后，又在这里修建起自己的房子，这里就变成村庄。被收留的孩子建了三座宝塔，以此纪念这三位强盗。这哪是强盗？这是功德无量的大善人啊！"孙不空说。

"其实这部电影还有绘本呢！瞧这里！"唐老师把卷在手里的绘本给大家看，"电影与绘本一起看，会更有意思。今天之所以选择这部电影,是因为它运用反常方法,展现了不一样的强盗。还有很多电影也采用过这种方法,如《这个杀手不太冷》,从电影名字就可以看出。"

唐老师一走,孩子们就开始绘本抢夺大战。唉,这帮孩子呀!

1.4.4 闯关挑战四:做个"非正常"的人

闯关挑战第四关

闯关小提示:

提示一:"常"就是指常情或常理,就是读者心目中所习惯的情、熟悉的理。

提示二:通过描写违反常理常态的事情,或者人物违反常情常理常态的言行举止,来刻画形象、表现主题的手法,称反常法。

提示三:反常法往往可以使故事情节更加曲折惊险,人物性格更加鲜明突出,收到出人意料、使人震撼的艺术效果,给读者留下强烈而深刻的印象。

闯关大作战

关卡一:发现人物的 AB 面。

很多职业有"职业人设",比如医生严谨认真,老师奉献勤勉。那生活中有没有一些人,与人们印象中的形象反差很大呢?填写表1-1,构建反常。

表1-1 发现人物AB面

人物类型	印象中的形象	不一样的形象

关卡二： 选择上表中的一个人物，创作一个反常故事。

_____
_____
_____

【悄悄告诉你：猪小戒的闯关密码在书后哦！】

第 2 章

文字乏味不细腻?
4 个描写打磨生动语言

藏在电影中的作文写作密码

2.1 生动描写法之———语言描写

2.1.1 人物都不说话，难怪作文写不长

沙小呆一眼就看出猪小戒今天不对劲。

猪小戒一言不发地坐在座位上，直愣愣地盯着窗外的白杨树，眼睛红红的，有些肿，明显是哭过。虽然常跟猪小戒吵嘴打架，但看着他这副可怜样，沙小呆还是很心疼。

晨读课，猪小戒趴在桌子上写日记。趁同桌下课去卫生间的工夫，沙小呆拿过日记本，小心翼翼地翻开，快速扫了几眼，果然有情况——猪小戒的父母吵架了！

沙小呆鬼鬼祟祟的样子恰好落在孙不空眼里，他一把夺过本子，当众读起日记：

> 今天晚上，爸爸妈妈又吵架了。他们的声音很大，我听得非常清楚。我不知道他们在为什么事情争吵，但看起来他们都很生气。我感到很难过很害怕，因为我不想看到他们吵架。我想去安慰他们，但是我不知道该怎么办。最后，他们停止了争吵，但气氛依然很紧张。
>
> 今天来到学校，我无法集中精力学习。我希望爸爸妈妈能和平相处，不再吵架。

猪小戒刚走进教室，就看到自己的日记本在孙不空手里，全班同学正津津有味地听着他家的"糗事"。他生气极了！一把夺过本子，一拳打在孙不空胸上，孙不空连退几步，连人带旁边的桌椅一起倒在地上。

唐老师就是在这个时候走进教室的。毫无悬念，三人荣享"办公室一游"。

了解情况后,唐老师严厉地批评孙不空,责令他向猪小戒道歉——这种把自己的快乐建立在别人痛苦之上的行为太恶劣了。沙小呆偷看别人隐私,也和猪小戒说"对不起"。

等二人离开办公室,唐老师对眼睛红肿的猪小戒说:"你想不想用写作文的方法,劝劝你吵架的父母?"

猪小戒一听,立即有了兴趣——他可太希望父母和好如初,一家三口开开心心生活啦!

"你可以在作文中写下父母吵架的经过,郑重地交给他们。这样他们会认识到自己的行为带给你的伤害,以后就不会轻易吵架了。"唐老师化身"人生军师",为猪小戒出谋划策,"不过,你日记中写的吵架可不怎么样。"

"嗯?"猪小戒完全没注意这个问题。

"你日记中的人物全是哑巴。实际上,两人吵架怎么能没有语言呢?肯定是你一言我一语,你说你有理,我说你不对,中间得有多少字从嘴里蹦出来呀!你去安慰他们,又得费多少唾沫星子!把这些语言加上,文章的字数是不是就变多了?"

"是啊!唐老师,您得赶紧教教我怎么写好语言啊!维护我家和平的艰巨任务,就落在您身上了。"看到那个贫嘴的猪小戒又回来了,唐老师这才松了口气。

2.1.2 用"打架法"写出精彩语言

一上作文课,唐老师就给大家讲了个小故事:

> 有哥俩闹分家,分了几天也没分清,于是决定请裁缝、厨师、船老大、车把式四人来说和。这四人觉得事情棘手,于是相邀先到厨师家碰个头,讨论一下。
>
> 一个说:"我看咱们去了要快刀斩乱麻,别锅了碗了分

不清。"

一个说:"咱们办事不能太偏了,要针过去线过去才行。"

一个接过话茬儿:"嗨,咱原先也不是没有管过这号事,前有车,后有辙,别出格就行!"

另一个听得不耐烦了:"我看别在这里啰唆了,不如到他家再见风使舵。"

厨师的媳妇扑哧一声笑了:"你们真是三句话不离本行,卖什么的吆喝什么。"

讲完后,唐老师问大家:"你们能看出先后说话的都是谁吗?"

"第一个人要么是个裁缝,要么是个厨师!你看他说的话,什么快刀斩乱麻,还有锅碗之类的。"猪小戒率先回答。

"第二个人是裁缝!第一个应该是厨师!"沙小呆补充。

"第三个人应该是车夫,车啊辙啊,都是车夫天天接触的。"

"第四个人就是船老大了。见风使舵可不就是船夫的拿手好戏嘛!"

听到大家正确的回答,唐老师才说:"这几人仅是说了一句话,我们就能判断出他们的身份。可见,好的语言能够体现出人物的身份、职业、地位、经历。除此之外,语言还可以体现人物的性格,表现人物的思想感情,反映人物的心理活动。"

"那什么是好的语言描写呢?"猪小戒迫不及待地问,他还惦记着唐老师给他的锦囊妙计,想早些写好担负重任的"劝和作文"。

"语言描写包括人物的独白和对话。独白是反映人物心理活动的重要手段。对话可以是两个人的对话,也可以是几个人的相互交谈。无论是哪种形式的语言描写,都是由'提示语+引语'组成的。

"提示语是指人物说话时的方式和状态,包括动作、神态、心理、语气等,一般句中引号之外的部分是提示语。引语是指人物说话的具体内容,一般是指句中引号之内的部分。"唐老师不紧不慢地说。

"我们在二三年级就学过这些啦!您就说怎么写好语言吧!"猪

小戒恨不得上去替老师翻幻灯片。

"别急别急,看这里!虽然我们学过语言描写的基本概念,但很多同学的语言描写是这样的——"

回了家,我看到妈妈在厨房做饭,爸爸在打下手。

妈妈看到我一脸高兴样,说:"儿子,有啥高兴事?"

我说:"你们猜!"

妈妈说:"被老师表扬了?"

我说:"不是。"

爸爸说:"和同学打架打赢了?"

我说:"不对。"

妈妈说:"赶紧说说呗!"

我说:"哈哈!这次期末考试我得了第一名!"

妈妈说:"我的儿子真棒!来,今天再加两个菜!"

爸爸说:"你不是撒谎吧?骗我给你买游戏机。"

(《孩子的成绩》插图见图2-1)

图2-1 《孩子的成绩》插图

呀！这不是在说我吗？唐老师果然在我的作文本里安了监控器。一写到对话，"我说""他说""爸爸说""妈妈说"，说个没完没了。可不用"说"，又用什么？猪小戒暗自嘀咕。

"同学们，如果要让没完没了的'说'字变身，你会怎么变？"

"问、猜、责、骂、吼、劝！"李晓妍一口气说了几个。

"告、议、论、夸、辩、述！"孙不空继续补充。

"呼、吟、读、斥……"陆续又有同学发言。

"别只换一个字的嘛，想想两个字、四个字、多个字的'说'……"唐老师提示大家。

"复述、吹牛、声明、谈论、辩论！"

"议论、畅谈、商讨、劝告、解说、讲解！"

男生与女生似乎打起了擂台赛，生怕自己接不住，丢了面子。

"花言巧语！""妙语连珠！"

"唇枪舌剑！""巧舌如簧！"

"能言善辩！""能说会道！"

"道听途说！""信口雌黄！"

"打开天窗说亮话！""一语惊醒梦中人！"

"明人不说暗话！""揭露了事情的本质！"

几轮男女混合对战，教室里逐渐弥漫起火药味。看着剑拔弩张的孩子们，唐老师迅速调整话锋："除了这种方式，提示语还可以怎样变身？"

教室里暂时安静下来，唐老师适时地用幻灯片提醒：

> 张三说："我没有办法啊。"
> 张三嘟囔着："我没有办法啊。"
> 张三摊了摊手，一副无可奈何的样子："我没有办法啊。"

"哎呀！怎么就忘了呢？可以用动作！"孙不空恍然大悟。

"人物在说话时，往往脸上有表情，语气有变化，身体有动作。好的语言描写不但能听到声音，还能看到动作、神态，甚至人物内心。说话时的动作、神态、心理，与人物语言一起构成一幅幅可以表演的画面，使语言描写具有立体感。请大家对比这两个句子——"唐老师的幻灯片发生变化。

> "弟弟，过来过来，姐姐给你扎辫子，可漂亮啦！"我招呼弟弟。
>
> "弟弟，过来过来，姐姐给你扎辫子，可漂亮啦！"我一把拽住弟弟的胳膊，眨着眼，耐心地哄着他。

果然，第二个句子让猪小戒想到一个女生拉着弟弟，一脸狡黠的表情。而且把提示语这样一变，似乎更符合实际，贴切自然，句子瞬间高级多了。

猪小戒回忆起那天晚上爸爸妈妈吵架时的神态、动作、语气，心想：对呀，完全可以把这些写进作文中去啊！如果妈妈知道自己吵架时眼神那么凶狠，动作那么粗暴，语气那么吓人，语言像刺一样直刺家人内心，她一定不会再吵架了。因为，她是一个那么爱美的、温柔的妈妈啊！正在胡思乱想间，唐老师又展示出新的幻灯片：

> 沃克医生站起身，熟练地解开病人右眼上的绷带。他愣住了，蓝色的眼睛里闪出一些惊疑。他重新审视着眼前这个人，冷冷地问："你是干什么的？"
>
> "邮局职员。"
>
> "你是军人！"沃克医生一针见血地说，"我当过军医，这么重的伤势，只有军人才能这样从容镇定！"
>
> 病人微微一笑，说："沃克医生，你说我是军人，我就是军人吧。"

> "准备手术。"沃克医生的目光柔和了,他吩咐护士。
> (《军神》插图见图2-2)

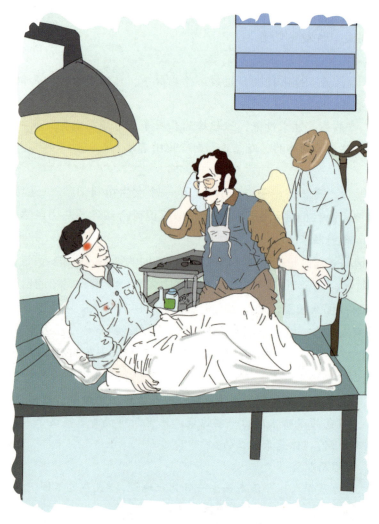

图2-2 《军神》插图

咦,唐老师想用这段话告诉我们什么呢?听唐老师讲了这么多节作文课，猪小戒逐渐看出，老师展示的每张幻灯片都是大有深意的。果然，唐老师让他们观察这段话中提示语的位置。

"第一段的提示语在开头。"

"第二段没有提示语。"

"第三段在中间，第四段在开头，第五段在末尾。"

这是个简单的问题，回答机会都被同学们抢走了。但猪小戒此时不想争什么被表扬的机会，他这堂课可是有大任务的！

"语言描写难，难在提示语。这段话中，提示语的位置不断发生变化。事实上，提示语哪里要用哪里不用，放前面、放后面还是放中间，需要感觉，这就是'文气'。提示语位置一般有四种：提示语在前，提示语居中，提示语在后，还有一种形式就是直接对话，没有提示语。提示语的位置不一样，标点符号也会发生改变，孩子们写作时一定要注意。写作时，几种形式要交替使用，这样对话才更灵动，读起来更顺。"

讲完这些，唐老师又举了几个例子，给同学们展示标点符号的变化。

1. 提示语在前，一般强调提示语

已经到了门前，马小跳停下脚步："我数一二三，大家一起冲进去。"

2. 提示语在后，一般突出说的话

"还有多远？"没走几步唐飞就吃不消了。

3. 提示语在中间，一般突出前后说的话，提示语既有语气上的停顿，也有意思上的停顿

"我叫马小跳。"他把另外两人推到张达面前，"他是企鹅唐飞，他是猿猴毛超，大家认识一下。"

4. 没有提示语，对话更流畅、更急切

"爸，我去看电影了！"

"去就去嘛，还说什么，又不是小孩子了！"

"你不去?"

"你自个儿去吧,我都六十岁的人了,凑什么热闹!"

"提示语既要会'变身',还要会'挪身',把握好这两点,语言描写就会更有文气。最后提醒大家,语言描写时,一定要'让子弹多飞'一会儿。就像高手过招一样,你一拳我一掌,你出招我拆招。如果只有一招,又有什么精彩可言呢?"下课铃响了,唐老师拖延了一分钟堂作补充。

晚上,猪小戒在灯下认真地写起作文来:

那次吵架

前两天,父母因为家务事吵架了,他们的情绪都很激动(《那次吵架》插图如图2-3所示)。

妈妈拿着扫帚站在客厅,拉着脸,气呼呼地吼道:"你就不能做点儿家务吗?每次都要我一个人干!"

爸爸坐在沙发上盯着手机,头都没抬一下,漫不经心地回答:"你又没叫我,你干不了就叫我啊!"

"指望你做家务?"妈妈从鼻子里哼了一声,一脸轻蔑,"上次是谁洗碗,差点儿把整个厨房淹了!楼下的人还以为大禹要治水呢!"

"那还不是因为你老指手画脚,不让我好好干!"爸爸的尊严受到极大的侮辱,嗓门也大起来。

"你这么有能耐,为什么上次带孩子出去逛街,他们都闹得不行?"妈妈指着身后正在玩游戏的我和弟弟问道。

"那又怎么样?他们要闹就闹呗,孩子闹闹有什么关系?"爸爸的短又被妈妈揭开,他气呼呼地说。

他的回答让我和弟弟感到很失望。我不由得争辩:"那会儿我们都快渴死了,弟弟的脚又被新鞋子磨起了泡,他能不闹吗?"

"好好好，我带不了孩子，我洗不了碗，我做不了家务。那你做好了，以后别来找我！"爸爸迅速摆烂，继续躺在沙发上玩手机。

"你怎么这么不负责任，孩子们需要你的陪伴！"妈妈的声音越来越大，脸也越来越红。她挥舞着手中的扫帚，扫帚带飞沙发上的杯子，在地上摔得粉碎。我和弟弟都吓呆了！

"别跟我说什么陪伴，你把孩子们管得这么紧，他们怎么自立自强？"爸爸从沙发上站起来，丢给妈妈一句话，拉开门，风一般地走了，留下面面相觑的我们三个。

妈妈也气鼓鼓地回到卧室，门甩得震天响。我把哭泣的弟弟安排在沙发上，默默地扫地上的玻璃碴儿。我的眼泪一滴一滴悄无声息地掉在地板上，我不想让弟弟看到我流泪。打扫完客厅，我和妈妈道了晚安，就带弟弟睡觉去了。

爸爸妈妈是我最爱的人，我多么希望他们能早日化解矛盾，和睦相处啊！昔日快乐的笑声，早些回到我家里来吧！

图2-3 《那次吵架》插图

写完后，猪小戒轻轻地把作文压在客厅的茶几上。

2.1.3 《憨豆先生的假期》：用夸张的动作、善变的表情来说话

厌倦了伦敦阴雨天气的憨豆先生，梦想能在法国南部的沙滩上美美地度个假期。正所谓傻人有傻福，这一天，他居然中了彩票头等奖，不仅可以免费前往戛纳，还获赠200英镑的零花钱和一台摄像机。乘坐欧洲之星列车抵达巴黎后，憨豆先生遇上戛纳电影节的评审团成员，一名来自俄罗斯的电影摄制者。于是，一系列搞笑的事情发生了……

电影在憨豆的手舞足蹈中拉开序幕，真是"傻人有傻福"，看起来搞笑的傻傻的憨豆不仅获得了旅行费用，还有一台摄像机。憨豆的戛纳之旅开始啦！一系列啼笑皆非的剧情展开，同学们笑得前仰后合。

在憨豆终于赶上火车时，唐老师按下暂停，关掉声音，对大家说："请大家仔细观察接下来的场景，并用对话的形式写下来。"

这段视频时长仅两分钟，且是无声的，教室里却又爆发出一阵笑声——憨豆请一位乘客帮他拍照，他不仅踢翻了对方的咖啡，还拖累人家错过火车。糟糕的是：车上还有乘客同行的儿子！

"唉，憨豆就像《人在囧途》中的牛耿，谁遇到谁倒霉呀！这位帮人帮出霉运的男人，估计要哭晕在厕所咯！"猪小戒假意揉着眼睛，大家又是一阵大笑。

唐老师示意大家安静："闭上眼睛，把拍照的过程回忆一遍，然后写下二人的对话。写作时，要注意'说'字的变身，提示语的丰富以及位置变化。写完后，我们继续看电影。"唐老师一说完，同学们立刻埋头写起来。

不多时，一个个脑袋又抬起来，眼巴巴地盯着电影屏幕。唐老师便让段段虎分享他写的片段。

憨豆跑到火车前，确认其开往戛纳，就登上去。突然，他想起了什么，对！拍照！

"这么重要的事情，怎么能忘了呢？这可是发朋友圈的好素材！"憨豆自言自语地说。

他左右一望，看到一个男人一手拿着咖啡，一手拿着水杯，正往车上走。

憨豆连忙拦住他："大哥大哥，帮帮忙！给我拍张照吧！"

男子虽然有点儿不情愿，但还是好脾气地点点头。他把手中的东西放到地上，接过照像机。

"往后退一点儿，再往后退一点儿，要拍全身照哦！"憨豆摆着手，让男人往后退。男人都快退到另一条火车道上了，憨豆才示意他停下来。

"好，开始拍吧！"憨豆满意地说，并摆出pose。可惜，他的面前有好几辆车经过。

"再来一次，再来一次！"憨豆剧烈地摆着手，指挥对方，"这次没拍好！好不容易旅行一次，可得拍帅气咯！"

于是他又一次摆起姿势，谁料一脚踢翻了男人放在地上的咖啡。他赶紧把这些东西移到对面，同时还朝男人翻白眼，好像在说："谁让你把咖啡放在我脚边的，这可不关我的事！"男人没好气地看着他，估计心里早把他骂八百遍了。

终于，憨豆满意地接过照像机，往车上走。就在他上车的一瞬间，车门关闭了！而那个男人，被关在车外。

唐老师把段段虎的作文投到幻灯片上，大家一看，果真，丰富的提示语及灵活变化的提示语位置，让对话变得非常灵动。

"有一点儿小瑕疵。'自言自语'和'说'重复，可以去掉'地说'。"唐老师补充。

孩子们接着看电影，笑声依旧在教室里回荡。

"我觉得电影应该改个名字——《戛囧》。'戛纳'的'戛','囧途'的'囧',它和我们刚开学时看的《人在囧途》多么相似啊!"猪小戒迫不及待地分享自己的观点。

同学们都点头称是,憨豆一路离奇搞笑的经历,不正是另一个版本的《人在囧途》吗?

电影结束后,唐老师总结道:"看电影写对话,是很有趣的语言描写练习方式。电视电影需要编剧,他们主要负责写剧本。在你写的对话基础上,加上舞台提示,就变成剧本啦!接下来,我们就在闯关中挑战一下编剧本吧!"

2.1.4 闯关挑战五:你来编剧本

闯关挑战第五关

闯关小提示:

语言描写小妙招一:语言能够体现出人物的身份、职业、地位、经历,还能看出人物的性格,表现人物的思想感情,反映人物的心理活动。

语言描写小妙招二:语言描写包括人物的独白和对话,都是由"提示语+引语"组成的。

语言描写小妙招三:"说"可以变身为一字、二字、四字、多字形式。

语言描写小妙招四:好的语言描写能让读者看到人物的动作、神态,甚至人物的内心。

语言描写小妙招五:提示语位置一般有四种形式——提示语在前,提示语居中,提示语在后,还有一种形式就是直接对话,没有提示语。

闯关大作战

关卡一:请你根据下面描述的场景,为不同性格的角色选择合适的台词。

今天数学老师要发单元测验的试卷了,同学们七嘴八舌地猜着自己的分数,真是几家欢乐几家愁啊!

自信的学霸小辉说:"_____。"
悲观的小敏却愁眉不展地说:"_____。"
天生就是乐天派的小凯说:"_____。"
沉稳的小涵波澜不惊,淡淡地说:"_____。"

A. 考吧考吧,只要"烤不熟",就往"熟里烤"。让暴风雨来得更猛烈些吧!

B. 考试并不可怕,只要认真学习了,哪怕成绩不理想,也是可以接受的。

C. 张飞吃豆芽——小菜一碟。绝对没问题。

D. 怎么办哪?要是考不好老妈又得念紧箍咒了。

关卡二:下面这段对话没有任何提示语,请你来给它加上吧!加提示语时,要写出人物的表情、动作、神态。同时,还要让"说"字变身。试着把它改成一个小剧本。

我要买我要买我要买,我要买三轮车!

家里那么多玩具,还要买?爸爸妈妈哪有那么多钱?

嗯……那……我就在这里看看。

我告诉你,你跟我要赖也没有用。我跟那些溺爱小孩的父母,可是不一样的!你懂了吗?小新,走,回家!

妈妈……

干什么?

我想试试这辆车开得快不快。而且,家里有一辆车会很方便的,我可以帮你运快递……

我看是你玩起来才方便吧!你不走也行,那我走啦!

妈妈,这辆玩具车买过后,我保证一年内不买玩具啦!好不好嘛?

那好,我给你买。你可要说话算话哦!

【悄悄告诉你：猪小戒的闯关密码在书后哦！】

2.2 生动描写法之二——动作描写

2.2.1 "一招就搞定"，可不能用来写作文

学校的秋季运动会热火朝天地举行着，同学们身姿矫健，在赛场上各展风采。孙不空参加的是长跑，李晓妍参加的是跳远，沙小呆参加的是乒乓球，还有的同学参加羽毛球、花样跳绳，就连唐老师都参加了教师组的 4×100 米接力赛。

猪小戒没有参加任何项目，甚至没有加入班级啦啦队，像蔡小美一样为班级助力。前几天他扭伤了腿，只能做一名"安静的美男子"，哦，错了！是一名安静的观众。

"没有我的运动会是没有灵魂的。"猪小戒悲伤地想，"我能以怎样的方式参与运动会呢？有了，我要写篇作文为同学们加油呐喊！"

上次猪小戒的"劝和作文"收到比预期还好的结果——爸爸特意置办了一桌丰盛的烛光晚餐,向妈妈、孩子们诚恳道歉。妈妈也承认自己粗暴的语言沟通给家人带来伤害,含着泪拥抱全家人。消失几天的快乐小鸟,又在家里筑巢了。

猪小戒非常感谢唐老师的锦囊妙计,也认识到文字的魅力。他暗暗下定决心:一定要好好跟着唐老师学写作文。

作文既然能劝和爸妈,肯定也能助力同学。说写就写,一篇作文很快就写好啦!

猪小戒把写好的作文交给唐老师,并表达了自己的心意。唐老师刚跑完 400 米,气喘吁吁地看着手里的作文,不禁哑然失笑。

"唐老师,你是不是笑话我作文写得不好?"猪小戒不好意思地挠挠头。

"你看这里。"唐老师指着作文中的一段话。

> 就这样你来我往,比赛到了关键阶段,比分 7:7。沙小呆发球,他发了一个旋转球,让人眼花缭乱。对方回得过高,沙小呆直接扣杀,对方毫无还手之力。

"你想想看,打乒乓球会有多少动作啊!你用几句话,两个动作就写完了,完全没有把沙小呆在乒乓球台前机智勇敢、奋力厮杀的状态写出来。我猜你的同桌看了,很有可能会追着打你一顿。你现在跑都跑不动,只有挨打的份儿咯!"唐老师笑着对猪小戒说。

"你不会见死不救的,对不对?"猪小戒赶紧装出可怜样向唐老师求救。

"写运动会,一定要多写动作,这样才能显出同学们在赛场上的矫健身姿和拼搏精神。这样吧,我在下午最后一节语文课上讲讲动作描写。大家都可以用笔呐喊,助力我们班取得好成绩。如果你写得好,我就去学校广播室投稿,怎么样?"

"太好啦!太好啦!"猪小戒激动得想要跳起来,但那受伤的脚却把他牢牢地困在地上。

"注意前提——你要写得好。"唐老师适时泼来一盆冷水。

"我努力!"猪小戒用力挥着拳头。

2.2.2 用"机器人法"写出精彩动作

运动会期间上作文课,同学们怨言一大堆。可不是嘛!停赛时其他班都在自习,孩子们想看书就看书,想做作业就做作业,只要不吵得被教导主任警告就行。

唐老师偏要上什么作文课!

看到桌子上一片东倒西歪的小身板儿,唐老师自然明白孩子们的心思。他走上讲台,自顾自地放了一小段视频——李晓妍开跑时的准备。同学们不由得直起身子,嘿嘿,还别说,高冷女王的起跑姿势很专业哦(如图2-4所示)!

图2-4 起跑姿势

看完视频,唐老师问:"现在,每个人的生活都离不开视频。谁知道视频是如何形成的？"

"我知道，我知道！"门边的段段虎叫着，他爸爸可是当地有名的摄影师，"我们看到的连续不断会动的视频，其实是由一张张静止的图像构成的，只不过每秒会滑过几十张图像，人眼看起来就像是动态的。人们先把场景拍下来，再把这些图像传输到电脑和手机里进行编辑，一段视频就做好了。"

"如果暂停视频，看到的则是——"

"图像！"

这是上作文课吗？猪小戒在想。

唐老师暂停了几次视频，果然是李晓妍起跑时不同姿势的图片：热身时扩胸、踢腿、活腕，准备时吸气、收腹、提臀；起跑时前脚掌着地，后脚跟抬起……一幅幅图看下来，动作神情皆是不同。

猪小戒瞬间想到自己的作文，确实是具备"找打"潜质。唐老师绕这么大的弯，就是让我们认识什么是动作啊！

果然，唐老师开口了："李晓妍的起跑，是由多少个动作组成的？"

"十几个！""几十个！""反正很多！"同学们回答。

唐老师看到同学们兴趣盎然，这才正式讲道："一个简单的动作描写，包括这样几个方面：

一是动作本身。如拍、打、踢、拽、拉、跑、踹……二是动作的状态。如动作的力度，动作的方向，动作的数量，等等。三是动作发出的部位。爬是腿发出的，蹬是脚发出的，抓是手发出的……四是在什么情况下发出的。可以是一个地方，一个场面，或者某一环境。五是动作发出后的感受。一个是做动作的人的感受，另一个是周围人的感受。"

同学们听得一愣一愣的，我的天，一个动作居然有这么多学问。人一天要做那么多动作，大脑要经过多么庞大的计算啊！

"当然，我们在进行动作描写时，不一定要把每个方面都写进

去。比如'我拿起筷子,夹起土豆丝就往嘴里放',虽未写用手拿筷子,但读者知道是用手。但有的方面需要费点儿心思,比如说动作的状态。动作的方向、快慢、程度、数量等都会代表动作不同的状态,我们可以在动词前后加上不同的修饰词,这样,动作所蕴含的情感也就不同了。"

这时,唐老师在一位同学头上轻轻地抚摸了一下,对大家说:"从这个动作里,你看到的是什么?"

"亲切。"

"关爱。"

唐老师作势抡圆胳膊,快速地向正在走神的沙小呆拍去。在手掌碰到他的脑袋那刻,及时停止。饶是如此,还是狠狠地吓了沙小呆一跳。

"大家从这个动作中看到了什么?"

"愤怒!"

"生气!"

"恨铁不成钢!"

"你看,大不一样。"唐老师回到讲台上,继续讲课,"我们可以从多个角度来加修饰词。比如:

方向+动作——我高高地向上举起了手;

程度+动作——我重重地敲门;

快慢+动词——我慢慢地倒水喝;

动词+数量——一年了,我长高了一点点;

动词+拟声词——他咚咚地敲门……

"类似加修饰词的方法还有很多,可以结合具体情况来使用。比起单纯地使用动词,修饰动词法能让读者更清楚动作之人当时的状态和心情。"

唐老师为大家展示了一段文字,让大家找一找动作前后的修饰词:

第2章 文字乏味不细腻？4个描写打磨生动语言

> 　　班长马宝玉沉着地指挥战斗，让敌人走近了，才下命令狠狠地打。副班长葛振林打一枪就大吼一声，好像细小的枪口喷不完他的满腔怒火。战士宋学义扔手榴弹总要把胳膊抡一个圈，好使出浑身的力气。胡德林和胡福才这两个小战士把脸绷得紧紧的，全神贯注地瞄准敌人射击。（《狼牙山五壮士》插图见图2-5）

图2-5 《狼牙山五壮士》插图

"我来说,"班长孙不空一马当先,"沉着地指挥,狠狠地打,大吼一声,脸绷得紧紧的,全神贯注地瞄准。"

"非常好!"唐老师肯定地点点头,"你从这些动作中感受到了什么?"

"战士们满腔怒火,对敌人非常憎恨。"孙不空补充道。

"如果动作状态描写得不对,又会是什么样的呢?"唐老师换了张幻灯片:

> 猪八戒端庄优雅地坐在桌前,抬起筷子,夹起一些熟透的蔬菜,细细品味每一丝味道。然后,他拿过一块鸡肉,用牙齿咬出一个小口,闭上双眼,享受着那浓郁的鸡汁。接下来,猪八戒端起一碗汤羹,轻轻地吹几口气降温后喝下去。他又夹起一些蔬菜,放到嘴里,细嚼慢咽,品味着每一种味道。他的动作轻盈而精致,让人恍惚以为看到一位文雅的贵族。最后,他舔了舔手指头上的残渣,满意地吹起口哨。

教室里爆出一阵哄笑声。

"哎哎哎,这些动作描写不好吗?你们笑什么?"唐老师明知故问。

"这是猪八戒吗?这怕是哪家娇小姐吧!"蔡小美笑得眼泪都快出来了。

"可见,精准的动作修饰词不仅能表现人物当时的状态和心情,还能表现人物的性格特征。除了要用修饰词描述动作,我们还要拆分动作,像刚才的视频暂停一样,把一连串的大动作拆分成若干个小动作。比如说:接一杯水喝,只有两个动作——接、喝。但实际生活中,我们要做什么呢?"

"喝水先要接水。我得先拿着杯子,走到饮水机前,摁下接水开关,接上一杯水。"沙小呆从座位窜到走廊上,一边演示动作,一边说,"然后稳稳地把杯子端起,将杯子的侧面靠近嘴边,慢慢倾斜杯子。同时,头要微微地向外仰,水就会流在嘴里,我就大口大口地咽下去。"

"你用了多少个动词呢?我细细一数,整整十个。你看,像二哈拆家一样,把大动作拆成这样一个一个的小动作,是不是具体生动多了?"唐老师示意猪小戒回到座位。

"敢情我们就是二哈呗!"猪小戒又在嘴里嘟囔着。

"好的作者能把一个大动作拆成很多小动作。我们来看鲁迅先生写的雪地捕鸟。"唐老师展示出一段文字。

> 下了雪,我扫出一块空地来,用短棒支起一个大竹匾,撒下秕谷,看鸟雀来吃时,我远远地将缚在棒上的绳子一拉,那鸟雀就罩在竹匾下了。

"这段话有六个动作——扫、支、撒、缚、拉、罩,写出了捕鸟的过程。"蔡小美说。

"身体是精密的,一个部位发出动作时,其他部位也在参与。拆分动作时,要让全身都参与进来。比如说吃鸡腿,鼻子会先于嘴巴行动,做出闻的动作;口腔被香味牵动,流出口水;脚会不由地走向香味散发的地方;手会抓起它,送到嘴边去……吃的时候,牙齿、舌头、眼睛都在运动。有了全身这么多器官的参与,你的动作描写是不是就非常细致了呢?"唐老师把目光投向猪小戒,似乎在鼓励他。

"那日,唐僧师徒四人正在大山中跋涉,突然,从前面树林中走出一位美丽娇俏的姑娘。那女子粉面含羞,面如桃花。各位同学,请你根据孙悟空和猪八戒的性格特点,先拆分,再修饰,说说他们会有怎样的动作呢?"唐老师要来考考大家咯!

"让我来试一下。孙悟空会是这样的:他注意到前方树林中走出一位美丽的姑娘,立刻向前几步,目不转睛地盯着她,表情中带着几分狐疑。他迅速扫视了一圈周围,确定唐僧安然无恙,便向姑娘敬了一礼,问她是否需要帮助。"孙不空站起来说。

"猪八戒嘛……他会凑到悟空身边,轻轻地摇晃着身体,并不时偷瞄那美丽的姑娘。如果孙悟空训斥他,他会依依不舍地离开姑娘,但心里在想:真是一位美丽动人的姑娘啊!"猪小戒边说边做出猪八戒扭扭捏捏的样子,别说,真有几分相似呢!

看着同学们笑成一团,唐老师示意大家安静下来。"刚才猪小戒在描述动作时,有一句话很特别——他心里在想:真是一位美丽动人的姑娘啊!这是一句心理描写,加在动作中,很贴切。动作固然要连续流畅,但有没有想过让动作停下来?动作停顿时加上人物的外貌、心理、神态,以及周围的环境,这样,无声的动作就更有画面感了。"

很快,幻灯片上又显示出一段文字:

> 今天该我喂鸡。早上,我进了鸡栅走向鸡窝。(鸡看见我来了,就使劲往外挤,咯咯地叫着,用嘴啄着木板,好像说:"小主人,快放我出去吧!")【加了周围的环境】(我说:"你们先等一下,我打扫完了,就放你们出来。")【加了人物的语言】
>
> 我拿起笤帚扫地,(边扫边想:快点儿扫干净,好放它们出来。)【加了人物心理】正扫着,不小心踩上块鸡粪。(我想:唉!真倒霉,多脏呀!可是马上又想:不对!劳动不应该怕脏。)【加了人物心理】我就继续扫。一会儿,鸡栅被我打扫得干干净净。

果然,动作被这样一打扮,生动具体多了!一堂课下来,猪小戒觉得自己一定能把运动会作文写好,为班级奉献力量。

不出所料,一天后沙小呆准备乒乓球决赛时,耳边传来广播室的播音声:

> 只见沙小呆同学身体微微前倾,右手握着球拍,眼睛里闪烁着坚毅的光。开始发球了,他高高地将球抛起,眼睛死死盯着,球接触球板的一瞬间,他手腕轻轻一抖,脚一跺,球高速旋转着,向对方飞去。这是一个很漂亮的旋转球。对方接到了小呆反打过来的球,但球速太快了,对方没能稳住身体平衡,直接失误出界。沙小呆赢得了第一分。
>
> 随着比赛的进行,双方成绩越来越接近。当比分接近7:7时,气氛变得十分紧张。这时候对手发出一个快速直线球,小呆迅速移动身体,在正确位置接住球,并用反手向对方发起反击。虽然对方判断出了小呆的反击路线,但在小呆精准的运动轨迹下,还是不敌他的攻势……
>
> (打乒乓球的沙小呆见图2-6)

图2-6 打乒乓球的沙小呆

赛场的沙小呆听到这些,心里更有力量了!

2.2.3 《可爱的毛虫》:萌蠢毛虫的破茧成蝶

《可爱的毛虫》(Sweet Cocoon)是2015年获奥斯卡提名的法国动画短片。它讲述了一只造型萌蠢的绿色肥胖毛虫经过重重困难,在伙伴的帮助下破茧而出,蜕变为美丽蝴蝶的励志故事。

这部6分钟的动画短片以萌蠢讨喜的人物形象、曲折生动的故事情节、令人大跌眼镜的意外结局,深深震撼着每一位观众的心灵。

唐老师去参加教师会议,所以一从影院出来,猪小戒的吐槽声音就很大:"又是这么短的电影,一点儿也不过瘾。"

"短是短,不以长短论英雄哦!我倒是喜欢这只萌蠢萌蠢的毛毛虫,它真是太可爱啦!你看它那绿绿的、胖嘟嘟的一节一节的身子,忽闪忽闪的眼睛,特别是它要钻进茧里时那一扭一扭的样子,都快把我萌化了!"蔡小美的话引来不少女生附和。

"这部动画片的故事情节也很直白——胖虫想要入茧,无奈屡试不行,正好两虫相助,最后破茧成蝶。"沙小呆的顺口溜引得大家齐声喝彩。

学霸孙不空一言不发,一副心事重重的模样。大家纷纷向他看去。

"我觉得,唐老师安排看这部动画短片,应该与昨天所讲的动作描写有关。所以,我们要围绕毛虫的动作展开讨论。"唐老师不在,班长孙不空俨然一副小老师的样子,"我们去教室里,试着写写毛虫入茧的动作,比比看谁写得好,怎么样?"

"写作文?没意思!"沙小呆首先反对。

"只写动作片段，字少一点儿的话，也不是不能接受……"蔡小美狡黠地笑着，似乎在酝酿什么坏主意，"班长，要不你向唐老师申请个奖励吧！大家在老师没布置的情况下，主动写作文呢！"

她把"主动"二字说得特别响。

"让唐老师请我们吃汉堡？这次运动会，我们班成绩不错，班主任还没有任何表示呢！"孙不空试探着说。

"好啊好啊，有吃的，那太好啦！"猪小戒的口水已经从口腔里分泌出来了，再说几个字，说不定就会喷射出来，他赶紧闭上嘴。

一番评比过后，几位同学的动作描写在全班投票中获得高票数。

李晓妍写的是毛毛虫首次入茧失败：

毛毛虫想钻进茧里去，直起身体扭动着。它的身体实在是太胖了，从头到尾都是圆鼓鼓的。它屏住呼吸，收缩身体往茧里钻，没能成功。它心想：我只要努力，一定可以成功的！接着，它费力地弯下腰，把茧往上拉伸，用脚蹬住地，身子往后仰。此时的树林安静极了，只有毛毛虫钻茧的声音。

因为用力过猛，突然"嘭"的一声，毛毛虫摔倒了。即使倒地它也不罢休，非要钻进茧里去不可，瞧它拱背、顶地、翻滚……想尽一切办法想要钻进去。

孙不空写的是两虫首次助力毛毛虫，但惨遭失败：

毛毛虫看到两只虫子走过，眼神里露出祈求的光，似乎在说：两位大哥，江湖救急！那两只虫子冲上前去，青虫把茧拼命地往上抻，红虫爬上茧的顶端，腾空一跃，把毛毛虫用力地往茧里踩。正当它们以为成功之时，眼前的一幕让它们忍俊不禁：毛毛虫胖胖的身子从挤爆的茧中露出来。它俩不得不用力挤压，想把毛毛虫的身子挤进茧去。可一用力，毛毛虫被挤得向天空飞去，只留下一副空茧。

猪小戒写的是两虫再次助力毛毛虫，初步获得成功：

毛毛虫一手抓着一根草茎，眼神里透出自信的光，似乎在说：这

次我非成功不可!它在两只虫大哥的帮助之下,深吸一口气,身子被抻得老长,仿佛一块被拉长的泡泡糖。它的头对准茧,像炮弹一样发射过去。两只虫大哥看见毛毛虫瞬间射入茧中,高兴得在地上直打滚。

段段虎写的是两虫第三次助力毛毛虫,终于大获全胜:

为了把毛毛虫的头完全装进茧里,两虫一只背一只扛,来到一根树枝下。它们把绳子一头拴在茧的顶部,用力一拽另一头,毛毛虫的头终于被装进茧里了。看着毛毛虫成功入茧,两位大哥高兴得直拍手,觉得自己完成了一个伟大的壮举。两虫用力拽动绳子,把毛毛虫像吊兰一样吊在树枝上。可惜呀,它们的力气太小了。它们不得不搬来一块石头,最后两虫一石才勉强吊住这只巨大的毛毛虫。

他们会有什么奖励吗?不急不急,唐老师的脚步声已在楼道里响起……

2.2.4 闯关挑战六:当一回动作指导师

闯关挑战第六关

闯关小提示:

动作描写小妙招一:多个角度修饰动词,比起单纯地使用动词,能让读者更清楚当时的状态和心情。

动作描写小妙招二:写动作时,要把一连串的大动作拆分成若干个小动作。

动作描写小妙招三:让动作停顿下来,加上人物的外貌、心理、神态、表情,以及周围的环境,无声的动作就更有画面感了。

闯关大作战

关卡一:请你拆解下面的动作,将合适的动词填在表格里相应的地方。

做蛋炒饭

	步骤	动作
第一步	准备鸡蛋	
第二步	准备葱	
第三步	开炒	

关卡二：给下面片段的空白处选填动词。

戳　伸　瞅　摆弄　停　抠　端　捏弄

只见人家泥人张听赛没听，左手（　）到桌子下边，打鞋底下（　）下一块泥巴，右手依然（　）杯饮酒，眼睛也只（　）着桌上的酒菜。这左手便（　）起这团泥巴来，几根手指飞快（　），比变戏法的刘秃子的手还灵巧。海张五那边还在不停地找乐子，泥人张这边肯定把那些话在他手里这团泥上全找回来了。随后手一（　），他把这泥团往桌上"叭"地一（　），起身去柜台结账。

【悄悄告诉你：猪小戒的闯关密码在书后哦！】

2.3 生动描写法之三——神态描写

2.3.1 人物面无表情，这样的作文劝退读者

五（五）班在校园体育节获得"体育之星"称号，唐老师果然请大家吃汉堡，喝可乐。同学们听班长说此举花去将近1000元时，都心有不忍，觉得不该让唐老师这般破费。

所以周二的日记，大家纷纷写下此事，表达对唐老师的感激之情。

唐老师批阅日记时，很欣慰孩子们有着如此细腻的情感，但他很快发现一个问题：

五个学生写"吃着汉堡，流下了感激的眼泪"；

藏在电影中的作文写作密码

四个学生写"喝着可乐,我泪流满面";

六个同学写"看着眼前的可乐和汉堡,流下两行泪水"……

桌上摊着一本《红楼梦》,唐老师正看到贾宝玉挨打的情节。薛宝钗探望宝玉时,有这样一段描写:

> 宝钗见他(宝玉)睁开眼说话,不像先时,心中也宽慰了好些,便点头叹道:"早听人一句话,也不至有今日。别说老太太、太太心疼,就是我们看着,心里也……"刚说了半句,又忙咽住,自悔说的话太急了,不觉红了脸,低下头来。宝玉听得这话如此亲切稠密,大有深意;忽见他又咽住,不往下说,红了脸,低下头,只管弄衣带,那一种娇羞怯怯,竟难以言语形容,越觉心中感动,将疼痛早已丢在九霄云外了。

曹雪芹描写的宝钗一哭,竟能让宝玉"将疼痛早已丢在九霄云外",为什么孩子们一哭,我却连作文都看不下去了?那一半未批的日记,又有多少会"流下两行热泪""泪流满面"呢?再看下去,唐老师也要泪流满面了。

写"感激",只能用如此单调的写法吗?怎么写"感激",怎么让"哭"体现"高级感"呢?唐老师在琢磨,他必须得让孩子实现文字里的"哭笑自由"啊!

2.3.2 用"层次法"写表情,让五官会说话

作文课上,唐老师把日记中的"感激之情"展示在幻灯片上,同学们很是难为情。这,可都是自己的大作啊!

"同学们,人在哭泣时,是否只有眼泪在流?其他五官会不会有相应的变化?或者一伤心,眼泪立马就流出来呢?"唐老师抛出一个问题,随即,又展示了几张哭泣的照片。

猪小戒对"哭"可太熟悉啦!弟弟一天能哭八百回,表情各异,

声音不同，哭的理由也是五花八门，但结果只有一个——得到他想要的东西。但无论哪次哭，眼泪都不会单枪匹马地跑出来，眉头、眼睛、鼻涕、嘴巴，那含糊不清、无理取闹的叫喊声，甚至连头发丝都会一起配合着完成这"雷声大，雨点小"的表演。

而且，眼泪出来之前，前戏可多了。什么委屈巴巴，哼哼唧唧，总是铺垫半天，看着大人不心软，才会使出眼泪这招"撒手锏"。

同桌沙小呆却说，大人的哭是没有眼泪的。有一次他爸爸特别伤心，谈合作丢了几百万的单子，公司要开除他。他半夜三更坐在马桶上抽烟，烟屁股丢了一大堆，愣是没流一滴泪。

人在哭时，表情如此丰富，为何我们只能想到"泪流满面"？

"孩子们，哭是人常见的一种动作。它所牵动着的脸上一系列的动作和变化，也就是我们所说的神态。神态描写，就是指描写人物脸部细微的表情和姿态。脸是感情的晴雨表，内心活动常常从人的脸部显示出来。一个人心里高兴，往往就喜上眉梢；内心得意，就眉飞色舞；心里担忧，往往满脸愁容；内心痛苦，常常双眉紧皱。"唐老师先告诉同学们什么是神态描写。

"那我们怎么写神态呢？"猪小戒有些疑问。

"我们在写人物神态时，要把'五虎将'，也就是眉毛、眼睛、鼻子、嘴巴、牙齿的细微变化写出来。写作时，写完一个器官再写一个器官，一一写过去，表情就体现出来了。不过，写表情时并不是五虎将平均分配，可以有重点地选择几个来写。"唐老师耐心地讲道，"比如说，我们要写一个人很高兴，可以怎样写他的神态？"

"会笑，嘴角会上扬。"

"笑时，可能脸上有红晕，显得更可爱。"

"可能笑得眼睛眯成一条缝，也可能是发出很大的笑声。"

"眉毛会扬起来，正像人们所说的喜上眉梢。"

同学们纷纷从"五虎将"中找"高兴"。

"那如果写感动呢？"唐老师继续问。

"感动嘛,可能会哭。但有的人哭得很含蓄,眼睛红红的,像兔子一样。"

"然后眼泪会积满眼眶,像一池子水一样。越积越多,才会流下来。"

"人哭的时候,鼻子里还有鼻涕,有的人会抽鼻子。抽鼻子时,身子也会一下一下地动。"

"如果是男人,他即便很感动,也不会哭,只会默默地看着对方,从眼神里表达自己的感激之情。当然,过后可能会做一些事情回报对方。"

"总之没有泪流满面。"唐老师补充说。

孩子们不好意思地笑了。

一张幻灯片跳出来:

> 他的脸涨得红红的,手还一个劲儿地抓耳朵。身子也不时扭着,显出十分忸怩的样子。大概是没有准备吧,开头的一句话,就说了四遍,而且还加了不少"嗯、啊"之类的语气词,自然又招来了同学们的一片笑声。他不好意思地低下了头,两只眼睛盯着地面,脸通红,汗也冒出来了,手不停地拽着裤子,两只脚来回移动,连整个身子都能看出在微微地动。嘴一张一张的,舌头在嘴里笨拙地动着。(紧张的少年如图2-7所示)

图2-7 紧张的少年

"一看就是紧张，害羞！"孙不空叫着。

"是的，这段文字有对眼睛、嘴、舌头的描写，一个害羞紧张的少年形象跃然纸上。可见，神态描写要写好，五员大将少不了……"

"唐老师，还有！"蔡小美突然打断唐老师的话，"这段话还有对动作的描写呢！手抓耳朵，身子扭，手拽裤子，两只脚来回移动。"

唐老师夸奖了蔡小美，顺势讲道："在实际写作中，神态描写一般都不是独立存在的，它与动作描写、语言描写结合在一起，能更生动地体现人物状态。"

一段文字又跳出来：

> 弟弟两只小手紧紧地握成拳头，身体微微颤抖，眼睛变得通红，鼻涕和着眼泪一起流了下来。他一边哭，一边说："不是我，真的不是我。上次姐姐有同学过生日，应该是姐姐拿的。"说完弟弟狠狠地瞪了我一眼，好像在说："明明不是我拿的，你为什么要冤枉我呢？"他伤心的模样令我懊恼不已。

"有动作！握成拳头，身体微微颤抖。"

"有语言！一边哭，一边说。"

"还有神态！眼睛红，流鼻涕、流眼泪。"

"倒数第二句应该是心理描写吧？"猪小戒最后才站起来，他有些拿不准。

唐老师点点头："对的。这段话综合了多种描写方法，写出了弟弟被栽赃后伤心、气愤的心情，画面感很强。所以，五员大将与多种描写双管齐下，这样写作更能突出人物特点。"

这时，猪小戒扭扭捏捏地举起手，难为情地说："唐老师，您讲得确实很在理，'五虎将'要用上，多种描写要用上。可我就不知道怎么写'五虎将'。要写眉毛吧，用一个词'紧皱'就概括了。要写眼睛吧，就一个'温柔'也完事了。这样写，作文字数就是一点点。"

藏在电影中的作文写作密码

猪小戒说的真是大实话。

唐老师略一思考,也是,孩子们词汇量较少,往往用不了多少词语,更别说用得准了。这可如何是好?

有了!

"大家都遇到过慈祥的老师吧!老师慈祥的神态如何写具体呢?我们可以使用联想法。比如说:她那慈祥的目光,充满温柔,充满宽容,充满鼓励。好像一阵和煦的春风,拂过我的心田;又如一束温暖的阳光,洒在我的心间。(老师的神情如图2-8所示)从慈祥、温柔、宽容、鼓励的目光展开联想,联想成一阵风,一束阳光,你看,字数变多了吧!文章更生动了吧!"

图2-8 老师的神情

"这个方法好啊,我还可以继续联想。她的目光,像是夏天的一场雨,瞬间把我心里的焦躁淋走了。"沙小呆补充,"这样,作文就能无限地变长了!"

"当然,你也不要联想个没完没了。刚才你说的'眉毛紧锁',也可以展开联想啊。他眉毛紧锁着,好似上了一把锁,怎么也解不开。这样一写,是不是更生动了呢?"

"唐老师,我也有个问题。"蔡小美站起来问,"刚才说神态描写要写五官,外貌描写也要写五官,那神态描写和外貌描写是不是一样呢?但我知道它们又不一样,该怎么区分?"

这个问题问得相当有水平,唐老师心里暗暗称赞。

"神态描写是针对脸部表情变化的描写,是动态的,突出变化;外貌描写是对脸部器官特征做出描述,是静态的,基本没有变化。"唐老师略一思考,回答道。为了让大家更明白,他又举了几个例子:"比如这一句:老师还是没有说话,只是用眼睛严厉地瞪着我们,那眼神像要射出火花一般!这是人物的神态描写,眼神变得严厉。再听这句:他浓浓的眉毛下是一双有些严厉的眼睛,似乎有什么不高兴的事一样。这句话就是外貌描写。"

"好的,明白啦!"猪小戒叫道,"唐老师,请您再解答我一个问题:这一次我们要看什么电影呢?这可是全班同学都在关注的特大号问题。"

"看了就知道啦!"唐老师卖了个小关子。

2.3.3 《头脑特工队》:嘘!有人掌握你的情绪

和所有人一样,莱莉也是被五种情绪共同支配——快乐、恐惧、愤怒、厌恶和悲伤。这五种情绪居住在莱莉脑海里的控制中心,它们可以通过适当调配来指导莱莉的日常生活。

莱莉的父亲因为工作原因带着全家搬迁到旧金山,莱莉只

得和熟悉的中西部生活说再见。然而，全新的环境与生活都需要莱莉适应，混乱渐渐在控制中心里滋生。虽然快乐是莱莉最主要也最重要的情绪，她尝试着解决纷争，但情绪们还是产生了冲突……

导演从自己女儿的成长经历中找到了创作这部影片的灵感，电影有两条线：一条是人物线，一条是情绪小人儿线。这是这部电影最大的创意所在。

观影结束，同学们十分兴奋。你看那沙小呆，几乎是从影院里蹦出来的！若不是有唐老师在边上镇着，他一定会蹦到天上去！再看他脸上，眉毛高高扬起，眼睛里放射出欢快的光，嘴角蓄满笑意，一举手一投足，都带着轻快的节奏。

"从来没有想到人类小小的情绪，高兴啊，悲伤啊，愤怒啊，背后有一群情绪小人儿，要在大脑这个巨大的控制中心，经历多少次协商、争吵，付出多少努力。《头脑特工队》电影创作者的脑洞太大了，把这五个虚构的小人儿与现实结合得这么好！我真想再看一遍！"沙小呆向唐老师投去可怜巴巴的祈求目光。

"我关注的是主人公莱莉的成长过程。小时候的莱莉是快乐的，乐乐是她情绪中的老大。后来她离开故乡进入新的学校，一种不适应、孤独感油然而生。于是，乐乐逐渐被忧忧取代。一天晚上，妈妈问莱莉在学校过得怎么样，莱莉想对妈妈倾诉，但爸爸的心不在焉和训斥激怒了莱莉。这个时候，怒怒上班了！于是她想离开这里。当莱莉坐在车上，过往一幕幕温馨的回忆涌上心头时，乐乐回来了。她决定回家告诉爸妈自己的想法，爸妈也终于理解了莱莉的感受，情绪小人儿恢复正常，莱莉一家三口拥抱在一起。

"莱莉的这段经历让我想到了自己。小时候我是快乐的，无忧无虑的，天天与乐乐手牵手肩并肩。长大后，忧忧来了，怒怒来了，特别是现在，有各种作业、补课，厌厌几乎天天来找我。但我从电影中明白：人是要经历各种情绪的，唯有经历，才能成长。"蔡小美坐在葡萄架下，一口气说了一大堆。话虽长，但同学们都听得很认真。她说得非常在理，特别是最后一句，简直太棒了。

"小美说得很对，我们现在有多种情绪，每种情绪都是正常、合理的存在。我们要学会接纳和平衡每一种情绪，让负面情绪最终都归乐乐管理。"唐老师顺着蔡小美的话，帮助孩子们完成了此次观影的思维升级。

同学们纷纷点头，这部电影不仅能让观众看到天马行空的创想，还能润物无声地完成对观众思想的洗礼，怎么夸赞都不过分。

猪小戒想到前段时间与班长孙不空的争吵。看到日记本被别人捧在手上时，怒怒立刻控制大脑，因此他的拳头毫不犹豫地冲了出去。如果当时他的大脑控制中心稍微运转一下，情绪小人儿商量商量，自己就不会那么冲动。

他这样想着，心里默默地对孙不空说：总有一天，我会郑重地当面把"对不起"说给你听。

"我们重点回忆一下这段内容，"唐老师拿出一张打印好的剧照图，上面是莱莉怒气冲冲的样子（如图 2-9 所示），"这次莱莉生气的主要原因是什么？"

"老师让莱莉做自我介绍，她讲着讲着就哭了，觉得很尴尬。"沙小呆努力地回忆。

"回到家后，妈妈问莱莉学校的情况，但莱莉爸爸脑子里想的是打球的事。他不仅没有参与这次谈话，反而还责怪莱莉态度不好，于是强忍不快的莱莉被彻底激怒了。"孙不空补充。

"可以认为，莱莉生气的直接原因是无端被训。"唐老师继续引导，"莱莉生气时的神态是什么样的？动作是什么样的？说了什么话？"

"莱莉眼睛瞪着，像两颗圆圆的玻璃珠子，很大声地说：'你什么毛病，别管我！'"

图2-9　生气的莱莉

"她用力地拍桌子,愤怒地说:'给我闭嘴!'"

"当她爸爸让她回房时,她猛地一推桌子,气呼呼地朝楼梯上走去,楼梯都快被她震塌了!"

"她回到房间,狠狠地把门一摔,门发出哐的声音,非常响!"

唐老师表扬道:"其实,大家刚刚已经描绘了莱莉在生气情绪下的神态变化,真棒!希望今天的闯关,大家也能顺利完成!"

2.3.4　闯关挑战七:你是大导演

闯关挑战第七关

闯关小提示:

神态描写小妙招一:写人物神态时,要把眉毛、眼睛、鼻子、嘴巴、牙齿的细微变化写出来。写作时,写完一个器官再写一个器官。写表情时,要重点选择几个来写。

神态描写小妙招二:实际写作中,神态描写一般不是独立存在的，它与动作描写、语言描写结合在一起，能更生动地体现人物状态。

神态描写小妙招三：神态描写是针对脸部表情变化的描写，是动态的，突出变化；外貌描写是对脸部器官特征做出描述，是静态的，基本没有变化。

闯关大作战

关卡一： 读一读下面的句子，判断是外貌描写还是神态描写。

1. 老师还是没有说话，只是用眼睛严厉地瞪着我们，那眼神像要射出火一般！（　　　）

2. 这是个男孩子，有十二三岁，又黑又瘦的小脸上满是灰尘，头发有二寸多长，乱蓬蓬的，活像个喜鹊窝。（　　　）

3. 他愉快地笑了，脸上的皱纹宛如一朵盛开的金菊。（　　　）

4. 他又黑又胖的小脸上，嵌着一个尖尖的翘鼻子。长长的头发，好久没剪了。浓浓的眉毛下闪着一对大眼睛，乌黑的眼珠挺神气地转来转去。（　　　）

5. 她夹上书本，朝我莞尔一笑，脚步匆匆地走了。（　　　）

6. 她的脸好像绽开的白兰花，笑意写在她的脸上，溢着满足的愉悦。（　　　）

关卡二： 某调皮男生丁丁和某文静女生婷婷，同时见到一只小昆虫，他们会有什么不同的反应？请你来描写他们的神态。

_____
_____
_____
_____

【悄悄告诉你：猪小戒的闯关密码在书后哦！】

2.4 生动描写法之四——外貌描写

2.4.1 五官轮番上,不是好的外貌描写

上周作文题目是"我的自画像",唐老师计划先让学生写,再做点评。为什么呢?一是孩子们从一年级起就写自我介绍,写这个题目他们很熟练;二是谁还对自己不了解、不熟悉呢?

然而,交上来的作文却令唐老师大吃一惊,介绍自己的外貌都能出现大问题。他脑中灵光一闪,想出一个"寻人"的游戏。

上课了,孩子们正襟危坐,等待唐老师讲评作文。唐老师紧张兮兮地对孩子们说:"我看到朋友圈有位家长发了一则寻人启事,内容如下:

> 我家小孩昨晚一夜未归,有见到者速与本人联系。他长得不胖也不瘦,不高也不矮。乌黑发亮的头发,浓浓的眉毛下,是一双炯炯有神的大眼睛。直挺挺的鼻子,能说会道的小嘴巴。能提供重大线索者,本人愿意出重金酬谢。

"各位同学,有人见过这个小孩吗?"

教室里举手一大片。

"你们不会是贪图人家的重金报酬,提供虚假信息吧?"唐老师反问。

"哪能呢?我是有真实信息的。"孙不空站起来,"这则启事中找的小孩子倒是很像我,但我不是他的孩子。"

沙小呆指着同桌猪小戒开玩笑:"那位家长在找你吧?你也完全符合他的寻找标准啊!你赶紧回家去找妈妈,没事玩什么失踪?"

"你才是呢!唐老师,有对方电话吗?我要赶紧把沙小呆送去,这个挣钱的机会，我可不能错失。"猪小戒扭起同桌的胳膊，仿佛要把他押送到派出所。

"他是！""他是！"

"你也是！""你也是！"

教室里你指认我，我指认你，乱糟糟的。

"安静！安静！"唐老师用黑板擦重重拍着桌子，才让同学们安静下来，"明明丢了一个孩子，却有这么多线索，这明显不对嘛！哪里出了问题？"

"他的外貌描述有问题！这外形就跟均码衣服一样，符合大多数人的特征。"蔡小美大声说。

"天下没有两片相同的树叶，更没有两个相同的人。雷同的外貌描写，把很多人都变成'同款'。刚才我说的寻人启事是虚构的，但实际写作情况是真实的。你们翻开自己上次的作文看看，是不是都是这样的外貌描写呢？"

孩子们个个垂着脑袋，都快垂到本子里去了。不知是为一笔到手的酬金飞了失落呢，还是为自己的同款外貌描写难为情呢？

2.4.2 用"集中一点法"写人物外貌

"如果让你来修改这则寻人启事，你该怎么改？"唐老师问。

"必须把'不高不矮，不胖不瘦'改改，这个描述太笼统，要精准一点。比如说有多高，多少厘米，有多重，多少千克，这样才能筛选出一些人。"蔡小美说。

"还可以加上对衣服的描述，比如说离家时穿什么颜色什么款式的衣服鞋子，这样找起来才会容易。"沙小呆建议。

"大家的这两点建议很好。人物的容貌、体态、穿着，都属于外貌。容貌包括五官（眼、耳、口、鼻、舌）、脸庞、双腮、额头、下巴以及头发、胡须、眉毛的样子。体态就是体形，有或高或矮，或胖或瘦，或魁梧，或佝偻，或苗条轻盈，或虎背熊腰的躯体姿态，也

包括手脚、胳膊、腿胫等四肢特点。穿着指人物所穿的衣服及所佩戴的装饰品,如帽子、围巾、手表、发卡、胸花、蝴蝶结等。外貌描写有时是三个方面的叠加,但往往不可能面面俱到,只能侧重其中的一处或两处。"

唐老师为大家展示了一段文字:

> 这老汉,头上戴着一顶破草帽,露在帽沿外边的头发已经斑白了。肩上搭着一件灰不灰、黄不黄的褂子。整个脊背,又黑又亮,闪闪发光,好像涂上了一层油。下面的裤腿卷过膝盖,毛茸茸的小腿上,布满了大大小小无数个筋疙瘩,被一条条高高鼓起的血管串联着。脚上没有穿鞋,脚板上的老皮怕有一指厚,腰上插着旱烟袋,烟荷包耷拉在屁股上,像钟摆似的两边摆动着。

"这段外貌描写,主要写体态与衣着。破草帽,灰不灰、黄不黄的褂子,旱烟袋,烟荷包,一看就是位朴素的农村老人;脊背黑亮,无数个筋疙瘩,没有穿鞋的脚,脚板上的老皮,可以看出他长年劳作,很是辛苦。"唐老师分析说。

"有个要点大家要注意,外貌描写中的这几项是有顺序的。"唐老师敲黑板,划重点,"一般情况下,外貌描写按照先衣着,后身材,再容貌的顺序来写。当然,这也不是绝对的,有的时候容貌和衣着可以穿插着交替进行。也可以从整体到局部写,先勾勒人物的轮廓,再进行深入观察,局部细描,还可以按照从上到下的顺序写。"

"唐老师,我觉得那则寻人启事还有个很大的问题——他要找的人跟其他人没啥区别,也就是没特点。你说乌黑的头发,哪个中国人不是黑头发呢,当然,老年人除外;你说浓眉毛,怎样算浓,有什么标准,我看班里的孩子都是浓眉毛;再说炯炯有神的大眼睛,我的天,怎么样算是无神?总之,没有哪一点是他自己特有的。"孙不空又回到那则启事上。

唐老师为孙不空竖起大拇指，他讲到外貌中最核心的问题——特点。

"所谓特点，就是人或事物所具有的特别或特殊之处，说白了就是你和别人不一样的地方。写外貌，重在写出特点。但，不只是孩子们写不出，大咖也未必写得出。你看《水浒传》中对这几位女子的描写。"唐老师出示了两张幻灯片。

> 金翠莲的外貌：
> 看那妇人，虽无十分的容貌，也有些动人的颜色。但见：鬅松云髻，插一支青玉簪儿；袅娜纤腰，系六幅红罗裙子。素白旧衫笼雪体，淡黄软袜衬弓鞋。蛾眉紧蹙，汪汪泪眼落珍珠；粉面低垂，细细香肌消玉雪。若非雨病云愁，定是怀忧积恨。大体还他肌骨好，不搽脂粉也风流。（第三回：史大郎夜走华阴县，鲁提辖拳打镇关西）

> 大名鼎鼎谋杀亲夫的潘金莲长这样：
> 武松看那妇人时，但见：眉似初春柳叶，常含着雨恨云愁；脸如三春桃花，暗藏着风情月意。纤腰袅娜，拘束的燕懒莺慵；檀口轻盈，勾引得蜂狂蝶乱。玉貌妖娆花解语，芳容窈窕玉生香。（第二十四回：王婆贪贿说风情，郓哥不忿闹茶肆）

"这两段文字是很美，反正我是写不出来。但你要说这个女子长啥样，我也想象不出来。总之是皮肤很白，头发很长，脸蛋很红，眼睛很大，对了——水汪汪的大眼睛。有什么不一样的地方吗？我感觉真没有。"蔡小美说道。

沙小呆似乎发现什么好笑的事，捂着嘴笑了片刻，才说："我觉得这就是人们说的网红脸，好看是好看，但让人傻傻分不出。"

这个说法倒很形象,唐老师不由点头称赞。

"我感觉施耐庵是个偏心的人,你看《水浒传》中一百零八个好汉,个个性格迥异,外貌不同,少有的几位女子,要么漂亮得都像一个模子里刻出来的,要么又凶又丑,没有一点儿女人样。"高冷女王李晓妍开始批判施耐庵了。

"要写出人物特点,不一定得从头写到脚,只要能抓住一两点来写,就能让所写之人一下子从众人中凸显出来。"唐老师一边讲一边出示了几段文字:

> 陆鹤的秃,是很地道的。他用长长的好看的脖子,支撑起那么一颗光溜溜的脑袋,这颗脑袋绝无一丝瘢痕,光滑得竟然那么均匀。阳光下,这颗脑袋像打了蜡一般的亮,让他的同学们无端地想起夜里,它也会亮的。

> (黄先生)胖胖的,脑后折着三道肉印;我常想,理发师一定要费不少的事,才能把那三道弯上的短发推净。脸像个大肉葫芦,就是我这样敬爱他,也就没法儿否认他的脸不是招笑的。可是,那双眼!上眼皮受着"胖"的影响,松松地下垂,把原是一对大眼睛变成了俩螳螂卵包似的,留个极小的缝儿,射出无限度的黑亮。

"第一段我知道,出自曹文轩的《草房子》嘛!这一段就写一个特点——陆鹤的头秃(如图2-10所示),第二段是写了黄先生的胖——脑袋有褶子、脸圆、眼睛小。"猪小戒说。

"咱们班这么多孩子,其实也各有特点。现在,我们四人一个小组,相对而坐,找找组内成员的特点。要做到一说他的特点,别人马上就能知道是哪位同学。"唐老师安排任务。

图2-10 秃头的陆鹤

一阵桌椅碰撞声之后,嗡嗡的说话声就在教室里蔓延开来。几分钟后,一只只小手像小树苗一样长起来。

"他,黑黑的头发,眼睛大大的,笑起来时露出两个深深的酒窝。最引人注目的是他手臂戴着一条粉色的绷带,因为跌倒摔伤了。"

"刘程玮!"

"他,高高壮壮,浓眉大眼。最突出的特点是头发非常卷,像一只蓬松的小狮子。"

"卷毛杨——杨小乐!"

"他,圆圆的脸颊,笑起来两个小酒窝深深的。他与众不同之处是戴着一副大大的眼镜,让人想起哈利·波特。"

"王靖文!"

"她,娇小可爱,笑起来会露出两颗可爱的虎牙。她最让人记忆深刻的是脖子上系了一条粉红色的蝴蝶结围巾。"

"蔡小美。"

"她,皮肤白皙。平时不爱说话,一张嘴巴像被锁上一样,轻易不会张开。她的头经常高高地昂起,似乎是一只骄傲的白天鹅。最有特点的还是她的眼镜,大得出奇,几乎遮住了她一半的脸,镜框是圆的,让人感觉她戴的不是眼镜,而是两个放大镜。"

"李晓妍!"

"他,深邃的眼神,闪着智慧的光。打球时,他会戴一副运动眼镜。他虽然是个男生,但头发很长,有些头发把他智慧的眼睛都蒙住了。所以,他经常会学着偶像剧里的帅哥,潇洒地把头发往后一甩。"

"孙不空!"

……

"唐老师,我也找到沙小呆的特点——眼睛大。可我只用一个字'大',就把特点说完了。如果写得这么少,作文又会被您打回来。您得提前教教我,怎么围绕一个特点写具体。"猪小戒嘟着嘴说。

"这点我替你想到啦,看这里——"唐老师出示了一张幻灯片:

> 他的嘴巴很大,从左脸颊一直扯到右脸颊。当他开心的时候,他的嘴角向两边伸展,仿佛整个世界都被他感染;又好像能容纳更多的快乐和幸福。他吃东西时,大嘴巴似乎可以吞掉桌上所有的美食,其他人只能望桌兴叹。(大嘴巴如图 2-11 所示)

图2-11 大嘴巴

"这也太夸张了吧!一个人嘴巴再大,哪能大到吞掉一桌子食物呢!唐老师,你不会教我们吹牛皮吧!"猪小戒嚷道。

唐老师笑眯眯地说:"猪小戒,你果然猜对了!写人物外貌特点时,我们完全可以运用吹牛,也就是夸张的手法,达到以假衬真的效果。"

"哦——唐老师,没看出来,你也有坏坏的一面哟!学到了学到了!"孙不空作抱拳状,一脸坏笑。

"除了用夸张法,还有一个方法大家也可以用起来,那就是联想法!比如上面的那个句子,他开心的时候,'仿佛整个世界都被他感染;又好像能容纳更多的快乐和幸福'。我们再来看一个句子——"唐老师换了张幻灯片:

> 一头金发,高额头,蓝眼睛,身材修长,穿着一袭纯色长裙,白净端庄的脸庞显出坚定又略带淡泊的神情,而那双微微内陷的大眼睛,则让你觉得能看透一切,看透未来。

"这一段中,大眼睛'让你觉得看透一切,看透未来'就是联想,联想法更能体现人物性格,大家可以用起来。"

"我似乎懂了,比如说同样的眼睛,如果我写好人,我可以联想他的眼睛里透出温柔的光,像温暖的太阳把我包围;如果我写坏人,我可以想象他的眼神像刀子一样,一刀一刀地向我劈过来!"猪小戒开始照猫画虎了。

"孺子果然可教!小戒,你会有大作为的!"唐老师夸奖他。

猪小戒笑得跟一朵盛开的花一样。

"好啦,到目前为止,外貌描写的方法我已经全部教给你们啦!下节课为师就带你们去看《万里归途》,里面有几个很典型的人物外貌描写,大家比比看谁的更能突出人物特点。"唐老师一挥手,结束了这节课。

2.4.3 《万里归途》:一看你就是能救我们回家的人

努米亚共和国(名字为虚构)爆发内战,由于使馆人手不够,原本只是协助撤侨工作,前驻地外交官宗大伟(张译 饰)与外交部新人成朗(王俊凯 饰)临危受命,主动放弃回家机会,支援撤侨行动。任务顺利结束,却得知还有一批被困同胞,正在白婳(殷桃 饰)的带领下前往边境撤离点。情急之下,两人放弃了回家机会,逆行进入战区。赤手空拳的外交官穿越战火和荒漠,面对反叛军的枪口,如何带领同胞走出一条回家之路呢?

"这部电影与我之前看过的《战狼》有点儿像。"猪小戒刚从影院出来,就迫不及待地发表观点。

孩子们这种类比的观影方式,令唐老师很欣慰,他鼓励猪小戒说下去。

猪小戒自信多了，小胸脯一挺，有条不紊地说："两部电影都是讲主角带领一群人回家的故事。故事的发生地都有战争，都有一个反派人物阻挠，而且还是几次阻挠。对，这就是唐老师讲的'波折法'。电影结局，都是正义战胜邪恶。"

唐老师听猪小戒讲完，接着问："那你说说，这两部电影有何不同之处？"

"这个嘛，"猪小戒略一思考，"《战狼》中的主角会武功，《万里归途》中的主角可是个文弱书生。"

唐老师做出疑惑模样："文弱书生也能带领人们回家？俗话说'百无一用是书生''书生手无缚鸡之力'，但这部电影中的'文弱书生'能在当地武装头子手下脱险，演绎出文官撤侨的精彩，不简单！中国古代有本书叫《麻衣神相》，可根据人物的相貌推断其人生吉凶祸福。我们运用上节课所学的外貌描写方法，当一次'麻衣神生'，说说为什么这几位主角能带大家回家。"

同学们低头沉思。良久，学霸孙不空挑起大梁："还是先说说宗大伟吧，他是撤侨的核心人物。我印象深刻的是宗大伟与妻子打电话的场景：他头上裹一条长可披肩的彩巾，似乎是用床单裁制而成，还用什么东西箍了两圈。他假装自己在迪拜，哼着不着调的言语，笑说外面的枪声是过节的礼炮，称赞中东人太过热情。怀孕的妻子问他什么时候辞职，他停顿一下，才意味深长地说：你怎么就知道，孩子生下来，这个世界不会更好呢？

"从这里看出，宗大伟是个很爱家、负责任的人。他乔装打扮，是为了不让妻子担心。在炮火连天中说的最后一句话，既委婉地表达了他不会辞职的意思，又体现了他热爱祖国、乐观向上的品格。

"还有一个小细节：领导在开会时讲撤离计划，坐在下面的宗大伟用胳膊肘迅速转动地球仪。他虽不参加本次行动，却对本次行动非常关心，有自己理性的分析。这些小细节都是主角出场的层层铺垫。"

孙不空细微的观察与严密的分析，引得大家无不点头称是。

紧接着，李晓妍也开了腔："电影的女主角——章处的妻子白婳，也值得关注。她第一次出现也是裹着一条头巾，不过是灰蓝色的，和宗大伟那条滑稽的彩巾完全不同。她睁着恐慌的眼睛，望着闯入的人，当看到是宗大伟时，马上变得惊喜。原计划接应他们的章处长，也就是她的老公并没有出现，而宗大伟不断用各种方式打断她的话，白婳脸上的神色越来越凝重。

"宗大伟的烟几次都没点着，神色也踌躇着，他什么也没说，但白婳都懂了。痛失亲人的她，没有一点儿悲伤，脸上那么平静，有条不紊地安排着工作，甚至她还要安顿宗大伟，继续保守老章的秘密。她转身离去时，长长的风衣被风扬起，转瞬就投入工作之中。这真是一位坚强、冷静、顾全大局的女性。没有她，这次撤侨就不会成功。"

"嘿嘿，我想谈谈那位大反派——独眼龙。"猪小戒把大家从凝重中拉出来。还别说，这位人士的外貌真是特别。

"他坐在一间巨大的，装修很豪华的房间里，面前摆着许多好吃的。这位叫穆夫塔的武装头子，头发向两边分开，末梢卷卷的，戴一副椭圆形眼镜，腮边下巴是一圈黑胡子。如果他不是个恐怖分子，我都承认他是个帅男子。"猪小戒的审美标准有些奇特，但对于很多孩子来说，评价美丑真的与其是好人还是坏人息息相关。

"但他摘下眼罩的那一刻，我马上就想吐了！"他夸张地做出呕吐的表情，让同学们忍俊不禁，"他怎么可以丑成这样？左眼瞎了，剩下一个丑陋的黑洞，左脸布满疤痕，异常吓人。怪不得他一直戴个眼罩。他的左眼始终像死鱼眼一样，眨都不眨一下。那一刻，我有点儿同情他了——是战争让他身体残缺，是战争让他们拿起武器，自相残杀。相比于他们，生在中国的我们就幸福多了。"

"此生不悔入华夏，希望这么'燃'的电影能再来一打！"沙小呆用期待的目光看向唐老师。

唐老师笑着点点头，做最后总结："观其貌，识其人。在看到他的那一刻，就确定他是能带我回家的人。既然外貌描写这么重要，那我们就要——"

"多用！"同学们默契地接住话音。

2.4.4 闯关挑战八：选择"一点"外貌来描摹

闯关挑战第八关

闯关小提示：

外貌描写小妙招一：人物的容貌、体态、穿着，都属于外貌。

外貌描写小妙招二：一般情况下，外貌描写按照先衣着，后身材，再容貌的顺序来写，也可以将容貌和衣着穿插着交替进行。也可以从整体到局部写，先勾勒人物的轮廓，再进行深入观察，局部细描，还可以按照从上到下的顺序写。

外貌描写小妙招三：特点，就是人或事物所具有的特别或特殊之处。写外貌，重在写出特点。

外貌描写小妙招四：写人物特点，可以采用夸张法与联想法。

闯关大作战

关卡一： 读一读下面的句子，根据外貌描写分析人物特点。

1. 金豆才七岁，头发披散着，垂到脖子边，见人就羞得把头低下去，或者跑开，又悄悄地望着人，或者等你不知不觉时猛然叫一声来吓唬你。——（　　　）

2. 她叫小花，一头柔软的卷发，凸额头、塌鼻梁，穿件红底白点小外套，总是不声不响，像个静默的小哲学家似的。——（　　　）

3. 我的同学强强，他胖乎乎的圆脸上，长着一双调皮的大眼睛。眼睛忽闪忽闪的，好像两颗水灵发亮的黑宝石。只要他一眨巴眼，准出鬼点子。在他那黝黑的脸上，不论是鼓鼓的腮帮，还是薄薄的嘴唇，或是微微上翘的小鼻子，都使你感到滑稽、逗人。——（　　　）

4. 老头子浑身没有多少肉，干得像老了的鱼鹰。可是那晒得干黑的脸，短短的花白胡子却显得特别精神，那一对深陷的眼睛特别明亮。——（　　　）

关卡二：阅读下面两个文段并评价：这两个文段描写同一个人物，哪一种好？为什么？

（1）门一开，班主任领进一位女生。她长得很好看，衣着朴素。"我叫李华，请多关照。"简单的开场白后，她被分到我的旁边，以后我们成了同桌。

（2）门一开，班主任领进一位女生。她中等个儿，梳着两根长辫子，黑里透红的脸上有一对明亮的眼睛。穿着一身洗得褪了色的学生装，裤子的膝盖处还缀着两个像眼睛一样的补丁。"我叫李华，请多关照。"简单的开场白后，她被分到我的旁边，以后我们成了同桌。

_____
_____
_____

【悄悄告诉你：猪小戒的闯关密码在书后哦！】

第 3 章

人物普通没特点？
4 个方法塑造人物形象

3.1 塑造人物法之一——典型事例突出人物特点

3.1.1 浑身都是特点，意味着没特点

单元习作内容是写一个人，并要写出人物特点。猪小戒一看，简单！大笔一挥，迅速写完交给了班长孙不空，美滋滋地看起唐老师推荐的书——《俗世奇人》。

孙不空承担着检查作业的责任，他翻开猪小戒的作文，写的是《爱唠叨的妈妈》。

> 我妈的唠叨和唐僧比起来，有过之而无不及。你听——
>
> 早晨
>
> 闹钟刚响过，她就河东狮吼：小戒，起——床——我一有多睡两分钟的迹象，她就开始说个不停。接下来的时间里，她一直在催我：洗脸快点儿，刷牙快点儿，吃饭快点儿，走路快点儿……
>
> 中午
>
> 学校门口接上我，妈妈就在摩托车上说个没完。上课认真听了吗？老师提问你了吗？你会不会回答？我坐在摩托车后面假装听不见。吃饭时，饭都塞不住她的嘴，又把路上问的问题问一遍，我要不给她个满意答案肯定不罢休。
>
> 晚上
>
> 做作业时，她的唠叨更可怕。你怎么这么慢，怎么这么粗心，字这么丑，课文背得不熟……然后又说她小时候多么自觉，姥爷要干活，姥姥要喂猪，她不仅要写作业，还要帮忙做家务。即便是这样，考试都能考到前几名。这些故事她都讲八百次了，细节我都记得一清二楚，猪有多少只，草有哪几

种。唉，我梦里都是妈妈的唠叨声。

你若闭嘴，就是晴天。妈妈，这是我的心里话。

孙不空看完猪小戒的作文，一声不吭地把写作要求摊在他面前，指着一句话，用指头敲了敲：

请用典型事例写出人物特点。

"你作文里有什么典型事例吗？这家长里短、鸡毛蒜皮的事，能写出人物特点吗？"孙不空问。

猪小戒可不听他的："鸡毛蒜皮的事咋啦？真实！可信！充满烟火气息！"

"你这小子，是不是唐老师夸你作文有进步，就不知天高地厚啦？写作文连要求也不看？"孙不空奚落他。

猪小戒反唇相讥："你倒说说啥是典型事例？天天不是学校就是家，去哪儿找典型事例？"

争不出结果，二人来找唐老师断官司。唐老师忙着交学期报表，没空儿升堂断案，摆摆手说："再议，再议。等我有空儿，再给你们细讲。"

他们气呼呼地从办公室出来，谁都不想理谁。

"学术争论"快要上升为"人身攻击"了，唐老师，你得赶紧现身啦！

3.1.2 用典型事例突出人物特点

什么是典型事例？打开网页搜索，有如下答案：

典型事例是能够揭示事物本质、具有广泛代表性和强大说服力的事例，具有"以一当十"的作用。

但孩子们能遇到这样的事例吗？不能说遇不到，但很少。遇都难遇到，谈何选取呢？

五年级下册语文课本的一篇课文——《两茎灯草》，吸引住唐老

师的目光。这是一篇塑造人物形象的巅峰之作,吴敬梓用辛辣的笔锋刻画了吝啬至极的严监生。

如果把挑掉一根灯草的举动放到某个平常的夜晚,还能看出严监生吝啬吗?答案是肯定的,但效果微乎其微。那个年代,点一根灯草的人太多了。很多人为了省油晚上都不点灯呢!但作者把这个举动放在严监生临死前,区别就大啦!

试想,人临死前交代的不都是大事吗?要么家里某个地方藏着存款,要么银行密码是多少,要么叮嘱至亲爱人好好保重。他倒好,对着两茎灯草气喘吁吁,念念不已。

普通事变成典型事,其实只是它发生的环境、场景、情势变了。明白这一点后,唐老师便对这节课成竹在胸。

作文课上,唐老师给大家讲了王亚南的读书故事:

我国著名的马克思主义经济学家、《资本论》最早的中文翻译者王亚南,1933年乘船去欧洲。在几十天漫长的旅途中,他除了睡觉吃饭,就是看书。

"你认为故事中的王亚南有什么特点?"唐老师问。

"爱看书!"同学们异口同声地说。

"如果让你给王亚南爱看书的程度打分,你会打多少分?满分是100分。"唐老师又问。

"60分。"有人说。

"刚及格?为什么?"

"你想啊,他是1933年去欧洲的。那会儿没有手机没有游戏机,除了看书,他还有什么消遣方式度过这漫漫旅途呢?"

唐老师一副恍然大悟的样子。接着,他又把这个故事重讲了一遍。

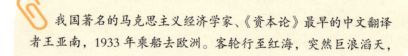

我国著名的马克思主义经济学家、《资本论》最早的中文翻译者王亚南,1933年乘船去欧洲。客轮行至红海,突然巨浪滔天,

船摇晃得使人无法站稳。这时,戴着眼镜的王亚南,手上拿着一本书,走进餐厅,恳求服务员说:"请你把我绑在这根柱子上吧!"服务员以为他是怕自己被海浪甩到海里去,就照他的话,将王亚南牢牢地绑在柱子上。绑好后,王亚南翻开书,聚精会神地读起来。(如图3-1所示)船上的外国人看见了,无不向他投来惊异的目光,连声赞叹说:"啊!中国人,真了不起!"

图3-1 王亚南看书

"如果再让你给王亚南爱看书的程度打分,你会打多少分?"唐老师又问。

"我打99.99分!""我打100分!"分数瞬间提高!

"是什么让你变心如此之快?"唐老师幽默地问。

"船摇得人都站不稳,他还能想出这么出奇的主意看书!在下真是佩服!"段段虎怪腔怪调地说。

"孩子们,船上看书是一件普通事,但风浪中绑在柱子上看书就是典型事。同样是看书,场景发生变化,普通事就变成了典型事。你再来想一想,古今中外讲名人爱看书的故事有哪些?"

"匡衡凿壁偷光!"

"车胤孙原囊萤映雪!"

"很好!这是艰苦环境下创造条件来读书的典型事例。"唐老师及时总结。

"我曾在《世说新语》中看到一个叫夏侯玄的人,有一次天下大雨,他靠的柱子被雷劈中,火把他的衣服烧着了,他还在看书。"孙不空说。

"我的天啊,这人是读书读傻了吧!"猪小戒似乎在拆台。

"但的确看出此人热爱读书!"唐老师说,"现在,如果让你来写一个喜欢读书的典型事例,你会如何设计场景?"

"我要把这个人的读书环境设在游乐场之中。游戏场都是玩耍的人,声音嘈杂,他能静下心来看书,那一定是非常喜欢读书!"

"可以把他的读书环境设置在大街上。街上人来人往,车水马龙,他却旁若无人,足可见爱书之深!"

"同样的一件事情,放在不同的地方,就会产生不同的效果,也会更加突出人物特点。就像这个黄色的字,放在白色的纸上并不显眼,但换一个背景——变成红色,那黄色的字是不是就亮眼多了?"唐老师变戏法似的,从讲桌上拾起两张纸,为孩子们展现迥异效果。

果然是!

"唐老师,你之前不是说小学生要写真实的事吗?现在却让我们胡编乱造,这合理吗?"猪小戒提出疑问。

唐老师显然对猪小戒的问题有些意外,作文该不该合理改编呢?

俄国唯物主义哲学家、作家车尔尼雪夫斯基在《艺术对现实的审美关系》一书中提过艺术创作的观点:艺术来源于生活,却又高于生活。

创作艺术作品需要丰富的想象力和创作灵感,但任何艺术的基础都来源于生活。我国作家路遥之所以能写出伟大作品《平凡的世界》,是因为他在陕北农村生活过几十年,有一颗忧国忧民的心。他对平凡生活中普通人的命运,进行过深入体察和深刻思考,正是这些丰富的生活积累，才使他创作出这部家喻户晓的经典之作。

艺术来源于生活，但任何艺术都不是对生活的简单记载、刻录或者描述。艺术要高于生活，是指作者对来源于生活的素材和体验的再创造。在艺术作品中，作者抓住生活中的一瞬间或者几个闪光时刻生发开来，赋予作品灵魂，也让读者丰富了自己的人生体验。

鲁迅先生在《我怎样做起小说来》中也说："所写的事迹，大抵有一点见过或听到过的缘由，但决不全用这事实，只是采取一端，加以改造，或生发开去，到足以几乎完全发表我的意思为止。人物的模特儿也一样，没有专用过一个人，往往是嘴在浙江，脸在北京，衣服在山西，是一个拼凑起来的脚色。"你看，文学大师就是将众多不同人物的突出特点综合起来，然后进行创造，从而创造出全新形象的。

可这些怎么讲给小学生呢？

唐老师稍略整理思路，对孩子们说："小学生的作文必须以真人真事为主。没有真人真事打底，你就无法生发真实的感受。但写作文不是照搬和复制生活中所有的事情，而是要根据写作目的，进行适当的删减调整，进行巧妙的移花接木。比如，你体验过考试的紧张，就可以把这种紧张嫁接到某次竞赛中，因为这两种情境产生的心境是一样的。这不是胡编乱造，而是合理的创作。"

猪小戒如醍醐灌顶，头点得像鸡啄米一样。他开始思考自己的作文，如何将妈妈唠叨换个背景——如果妈妈日常唠叨是"中年女人"的基本特征，是一个母亲的基本配置，那么，在什么情况下，她的唠叨才是自己的"鲜明特色"呢？

对，去年妈妈生病时！

记得有一次妈妈重感冒，身上疼得一整晚睡不安稳，哼哼唧唧；嗓子发炎，话都说不了几句；体温飙升到三十九摄氏度，试过各种退烧方法都无济于事……按说这个时候，她本应该安静地躺着，闭起嘴巴，好生养病，可她依旧虚弱地支撑起身体，有气无力地叮嘱我：上学时学习用具要带上啊，上课要认真听讲啊，回家后赶紧做

作业，记得背单词……（如图 3-2 所示）

你说，这还体现不出人物特点吗？

图3-2 唠叨的妈妈

猪小戒好生得意，自己的"猪脑子"居然能想到这么好的素材！真是直逼孙不空的"猴脑子"了！

他得意扬扬的表情一下就被唐老师的火眼金睛捕捉到了，只听唐老师问他："猪小戒，你可有什么好主意啊？"

猪小戒把刚才的想法说了一遍，果然引得唐老师啧啧称赞！

蔡小美写的是《爱美的妈妈》，听完猪小戒的回答，歪着小脑袋想了想，说："唐老师，我也有想法啦！原来，我在作文中写的是妈妈天天打扮，这是件普通的事；现在我可以这样改：我妈妈生病后去医院看病，出门还要化妆，还说什么时时得保持美貌，化妆是对别人的尊敬……"

"蔡小美，你公然在课堂上照抄我的素材！"猪小戒大喊。

蔡小美不甘示弱："什么叫你的素材？谁规定你妈能生病，我妈就不能生病了？再说，你写的是唠叨的妈妈，我写的是爱美的妈妈，一样吗？"

猪小戒无言以对，气呼呼地向唐老师求援。

唐老师却说："这不算照抄，只是迁移而已。我还是鼓励大家巧妙地做些迁移的。"

听唐老师这么一说，蔡小美得意地瞟了猪小戒一眼，继续说："唐老师，我想把刚才的素材加工一下，这样来写：妈妈高烧不退，一晚上都没睡好。第二天一早，爸爸决定带妈妈去医院。他边在院子里发动车，边等妈妈收拾东西。妈妈收拾好必备物品，就坐在梳妆台前化妆。只见她虚弱地支撑着身子，有气无力地勾着眉毛，我真担心她支撑不住，把眉画歪了。

"爸爸打来电话，妈妈说：'快了快了，马上就好。'这时，她又开始画眼线。一边咳嗽一边画。过了几分钟，爸爸的电话又响了。妈妈说：'快了快了，马上就出门了。'实际呢，她才开始涂口红。涂一涂，抿一抿，对着镜子照一照，不满意的地方又擦掉重来。

"这时候爸爸返回家中，看到妈妈还在化妆台前磨蹭，龙颜大怒，说：'去个医院，你还美给谁看呢？再不走，你就自己去吧！'妈妈这才出发了。"

唐老师带头为蔡小美鼓掌，说："你知道吗？你无意解锁了一种写典型事例的新方法——不断推动事件发展，突出人物特点。这种方法与前面所讲的巧妙设置波折有异曲同工之妙。事实上，这种方法也被名家大师使用过，我们来看这段文字——"

藏在电影中的作文写作密码

　　自此,严监生的病,一日重似一日,再不回头。诸亲六眷都来问候。五个侄子穿梭的过来陪郎中弄药。到中秋已后,医家都不下药了。把管庄的家人都从乡里叫了上来。病重得一连三天不能说话。晚间挤了一屋的人,桌上点着一盏灯。严监生喉咙里痰响得一进一出,一声不倒一声的,总不得断气,还把手从被单里拿出来,伸着两个指头。大侄子走上前来问道:"二叔,你莫不是还有两个亲人不曾见面?"他就把头摇了两三摇。二侄子走上前来问道:"二叔,莫不是还有两笔银子在那里,不曾吩咐明白?"他把两眼睁的溜圆,把头又狠狠摇了几摇,越发指得紧了。奶妈抱着哥子插口道:"老爷想是因两位舅爷不在跟前,故此记念。"他听了这话,把眼闭着摇头,那手只是指着不动。赵氏慌忙揩揩眼泪,走近上前道:"爷,别人都说的不相干,只有我晓得你的意思!你是为那灯盏里点的是两茎灯草,不放心,恐费了油。我如今挑掉一茎就是了。"说罢,忙走去挑掉一茎。众人看严监生时,点一点头,把手垂下,登时就没了气。(临死前的严监生如图3-3所示)

图3-3　临死前的严监生

"这段中,除了走向生命终点的主角严监生,还有几个人物——大侄子、二侄子、奶妈、赵氏。他们都猜过严监生的两根指头是什么用意,但最后是被谁猜到的呢?"

"赵氏!"

"赵氏是严监生的妻子,是他的枕边人,为什么不让她第一个开口,说出严监生的想法呢?"唐老师问。

"作者不让!"蔡小美喊。

全班哈哈大笑。

唐老师屏住笑意,说道:"她还真没说错,作者不让。作者就是这样一层一层地铺垫起来,让严监生摇头闭眼,气得要死,目的是突出他极度吝啬。"

哦,原来如此……

3.1.3 《没头脑和不高兴》:用夸张事例,凸显人物特点

> 这部国产动画片,拍摄于1962年。故事讲述了两个孩子,一个叫"没头脑",一个叫"不高兴"。"没头脑"做起事来丢三落四,总要出些差错。"不高兴"总是别别扭扭,你要他往东,他偏往西。别人劝这两个孩子改掉坏脾气,他们都不以为然,为帮他们改正缺点,老仙人暂时把他俩变成了大人。他们又会搞出哪些啼笑皆非的事情呢?

《没头脑和不高兴》是儿童文学家任溶溶在1959年创作的童话,后来改编成动画片搬上银幕。说到这两个诙谐有趣的人物,他们来自作者的生活。小时候,任溶溶经常丢三落四,被叫作"没头脑"。他的儿子当时正处于刚刚萌发自我意识的年龄,妈妈让他干点儿事,他一副苦瓜脸,活脱脱就是"不高兴"。这个故事被写下来后,受到很多孩子喜欢。

"原来大作家也没头脑啊！"听唐老师介绍完，蔡小美顿时感觉高高在上的大作家离她非常近了，"可再没头脑，也不会盖楼忘记装电梯吧！"

"作者是用夸张的事例，凸显人物的特点。我看电影时，被'没头脑'拼命爬楼的样子给逗乐了！你看他气喘吁吁连滚带爬，最后被孩子们用绳子吊上去，真是自食其果。要是大家知道这座楼是他设计的，准会用唾沫星子淹死他。"猪小戒补充道。

"唐老师，这算不算典型事例？"沙小呆问。

"当然算！这个事例是虚构的，但在写作文时，不妨像作家一样，创造一点儿高于生活的'艺术'，人在事中，事随人定，让事情更好地表现人物特点。"唐老师回答。

"那虎打武松也算是典型事例啦！'不高兴'不想演老虎，就不按剧情安排，把武松打得落荒而逃，把观众吓得作鸟兽散，可真是有趣！"沙小呆接着说。

唐老师肯定了同学们的回答，又说道："其实这部作品中还有一种表现人物特点的方法——给人物起外号。"

"对！"大家恍然大悟。

"'没头脑'代表丢三落四，'不高兴'可以联想到他一副不高兴的模样。生活中一些人的外号，也能体现人物的特点。"孙不空不怀好意地朝同学们笑了笑。

"公主控"蔡小美喜欢看公主系列童话，卧室里堆着几十个各式各样的公主。

"高冷女王"李晓妍仿佛是一只白天鹅，冷若冰霜，好像别人欠着她钱。

"熊猫"王丽奇总是黑眼圈，一副睡眠不良的样子。

……

"说到起外号呀，有一本书特别有名，书中一百零八位好汉，都有对应的外号……"

"《水浒传》！"大家立刻猜到了。

"李逵的外号是'黑旋风'，他长得黑，性子很急，像一阵黑旋风刮过。"

"'及时雨'是宋江，他总是能像及时雨一样，伸出援手帮助别人。"

"张顺水性好，像条鱼似的，所以叫'浪里白条'。"

……

"《水浒传》最值得称道的，无疑是人物性格的塑造。好汉们均是平凡人物，却各有不同。而且本书是用白话写成的，小学生也可以读下来，大家可以去读读它哦。"唐老师最后叮嘱道。

3.1.4 闯关挑战九：典型事例你来选

闯关挑战第九关

闯关小提示：

闯关小妙招一：典型事例是能够揭示事物本质、具有广泛代表性和强大说服力的事例，具有"以一当十"的作用。

闯关小妙招二：场景发生变化，普通事就变成典型事。

闯关小妙招三：艺术来源于生活，却又高于生活。

闯关大作战

关卡一：你要突出爸爸的幽默，可选用下面的哪个事例？

（1）他自称"大帅哥"，管妈妈叫"大美女"，叫我"小逗号"。

（2）他每天都乐呵呵的，时不时地讲个小笑话逗大家乐。

（3）模仿明星唱歌。

（4）用幽默的话语开导我。

关卡二：你要突出妈妈爱干净的特点，可选用下面的哪个事例？

（1）一双手不闲着，总在打扫卫生。

（2）每到星期天，就动员家人大扫除。

（3）批评我和爸爸不讲卫生。

（4）逼着我学洗衣服。

【悄悄告诉你：猪小戒的闯关密码在书后哦！】

3.2 塑造人物法之二——侧面描写展现人物特点

3.2.1 没有一句"精彩"的吴桥杂技

下课后，孙不空刚说："昨晚，我去看了吴桥杂技"，他的桌边就呼啦啦围了一圈人。

吴桥杂技团是非常有名的杂技团，据说有成百上千个表演节目呢！这个杂技团好不容易来这个城市演出，门票价格自然不菲。所以，孩子们是空有观看之心，没有观看之力啊！孙不空能现场观看，真是羡煞旁人！

"讲讲，赶紧讲讲，杂技怎么样？"猪小戒忙不迭地说。

孙不空不慌不忙地摆开架势："我和你们说，我昨晚去了现场，场馆外的人，那叫一个多！人山人海，热闹非凡。保安人员努力维持秩序，现场才稍稍整齐一些。场馆外还有很多商家摆摊贩卖杂技相关产品，人们有的买手偶，有的买T恤，小贩们可忙坏了。还有黄牛在高价卖票，你们猜，一张票被炒到多少钱了？"

伙伴们七七八八地报了几个数字，都被孙不空摇头否决。

"你倒是赶紧说说杂技啊！"猪小戒按捺不住了。

孙不空白了猪小戒一眼，那眼神里写着"莫急莫急"。"我进场馆一看，我的天，可容纳几千人的场馆，黑压压的全是人。大屏幕上播放着杂技团以前的精彩演出片段，全场观众哇哇叫好……表演开始了，观众们那个静啊，千人场馆就跟没人一样……"

"说杂技嘛。"猪小戒提醒他。

"这不是一直在说嘛！那杂技看得我胆战心惊，大气不敢出一口，眼皮不敢动一下，生怕一眨眼的工夫就错过精彩瞬间。我身边的那个男人，眼睛直勾勾地盯着杂技演员，嘴微微张着，半天合不上，像被魔法杖点了一般……"

猪小戒又戳了戳孙不空的胳膊。

"你这人，我不是一直在讲杂技有多精彩吗？"孙不空有些恼火。

"你就没讲呀！"

"我怎么没讲？这不是一直在讲吗？"

两人吹胡子瞪眼，其他同学都抱怨猪小戒插嘴，耽误他们收听"现场转播"。

听，听，听！他都没讲杂技的精彩，有什么好听的？猪小戒气呼呼地回到座位上。

3.2.2　三种侧面描写方法，夸夸杨贵妃有多美

"上节课我们学习了用典型事例突出人物特点，这节课我们来讲突出人物特点的另外一个方法——侧面描写。"唐老师开门见山地说。

啥是侧面描写？大家一脸茫然。

"在记叙文写作中，人物的描写可以分为正面描写和侧面描写。正面描写是对人物做正面的刻画，如对人物的外貌、心理、语言、动作等方面进行描写。而侧面描写是指通过描写周围人、物或环境等来表现所要描写的对象，以突出主要人物的个性特点……"

大家还是一脸茫然。

"还是给大家讲个故事吧！"唐老师说。

北宋皇帝赵佶喜欢绘画，一次绘画比赛，他出了一个命题：《踏花归来马蹄香》。让画家以此题作画，表现出花的香。

有的画家画了许多花瓣；有的画了一位跃马扬鞭的少年，在黄昏疾速归来；有的画家画了一只大大的马蹄子，特别醒目。但主考官对这些画都不满意。这时，他看到一幅蝴蝶追逐马蹄，蹁跹起舞的画，

立即选中这一幅（《踏花归来马蹄香》如图 3-4 所示）。

图3-4 《踏花归来马蹄香》

在这句诗题里，"香"是主要描写对象，但它很抽象，难用画面表现。所以画家借用蝴蝶这一事物表现主要描写对象，这就是侧面描写的方法。

"说白了，我们明明要写 A 事物（或人物），却不直接写 A，而写 A 周边的 B 事物、C 事物、D 事物，达到'绿叶衬红花'之效。因为让 B、C、D 作为侧面描写，是对 A 的有益补充，能使 A 的个性特点更为鲜明突出。"唐老师在黑板上画了一个圆，圆的中心是 A，B、C、D 等围拢在 A 的身旁。

讲到这里，猪小戒恍然大悟。以前他看一些黑社会的电视剧，剧中一有老大出现，身后总有一帮小弟。这个人为老大打伞，那个人为老大开车门，最夸张的是，老大要坐下，立刻会有人上去，用袖子把座位擦一擦。现在才明白，如果没有一伙小弟鞍前马后，老大的气势如何显示出来呢？

对这些小弟的刻画，显然就是今天唐老师说的作文中的侧面描写啊！

猪小戒把自己这个想法一说，唐老师直夸他这个例子很形象。

"那小弟们得怎样做，才能表现老大很厉害呢？"唐老师提问。

看过此类电视剧的同学立马举起手，剧情已经给了他们些许经验。

"小弟得到处宣扬老大的厉害，把他过往的成绩一一列举。什么占领几座山头，抢过多少金银财宝……"蔡小美说。

"也就是得夸他厉害。"唐老师为她小结。

"小弟们得前呼后拥，为老大做各种事情，而且小弟人数必须多，在气势上压倒对方。"沙小呆补充。

"刚才大家所言，是人物侧面描写常用的一种方法——以人衬人，就是通过对周边人物的描写，来衬托主要人物的个性特点。描写小弟的语言，叫人物语言烘托法。这也是'以人衬人'中最常见的一种方法，因为我们总会听到一些人用语言夸赞另一个人。"

我妈妈经常在我面前夸孙不空，其实这是侧面描写中的"以人衬人"啊！妈妈可是把这一招用得炉火纯青呢。猪小戒心里想。

"除了人物语言烘托法，还可以用人物行动烘托法，即通过描写旁边人物的行动来突出主要人物。比如大家刚才说的小弟们要为老大做很多事情，就是一种行动烘托的方式。我们来看这段话——"唐老师展示出幻灯片：

> 他的喜剧表演惟妙惟肖，精彩迭出。旁观的同学早就笑得前俯后仰。你瞧，某某同学笑得捂住了肚子；某某同学爆笑开来，再也停不下，直接坐到了地上；还有同学笑得都抱在了一起。

"文中有很多旁观同学的动作，前俯后仰、捂住了肚子、坐到地上、抱在一起，作者用这些动作来表现主角喜剧表演的'笑果出众'。"猪小戒立马反应过来。

"是呢！以人衬人的第三种方法是人物心理烘托法，就是通过描写周围人物的心理活动来表现主要人物。这种写法在《'凤辣子'初见林黛玉》一文中就有运用。"唐老师换了张幻灯片：

> 一语未了，只听见院中有人笑声。说："我来迟了，不曾迎接远客。"黛玉纳罕道：这些人个个皆敛声屏气，恭肃严整如此，这来者系谁，这样放诞无礼。

"哦，我知道了。这段话是用林黛玉心里的想法，烘托王熙凤泼辣、不拘一格的性格特点。"蔡小美说道。

唐老师肯定了她的回答："除了用人物衬托人物，还可以用景物衬托人物。在记叙文中，经常可以看到对景物的描写，不仅可以用来交代故事发生的季节、地点、气候、场景，还能从侧面表现人物的特点。比如要写一个不辞劳苦、辛勤工作的环卫工人，该选择怎样的景物来衬托呢？是选择凉风习习、温度适宜的九月早上八点，还是选择寒风刺骨、冷气逼人的十二月凌晨五点？"

"肯定是第二个！"同学们的意见很统一。

唐老师为同学们展现了一段文字：

> 黎明的时候，雨突然大了。像泼。像倒。
> 山洪咆哮着，像一群受惊的野马，从山谷里狂奔而来，势不可当。
> 村庄惊醒了。人们翻身下床，却一脚踩进水里。是谁惊慌地喊了一嗓子，一百多号人你拥我挤地往南跑。近一米高的洪水已经在路面上跳舞了。人们又疯了似的折回来。
> 东面、西面没有路。只有北面有座窄窄的木桥。
> 死亡在洪水的狞笑声中逼近。
> 人们跌跌撞撞地向那木桥拥去。

第3章 人物普通没特点？4个方法塑造人物形象

> 木桥前，没腿深的水里，站着他们的党支部书记，那个全村人都拥戴的老汉。
>
> 老汉清瘦的脸上淌着雨水。他不说话，盯着乱哄哄的人们。他像一座山。
>
> ——《桥》节选

（洪水中的老汉如图3-5所示）

图3-5 洪水中的老汉

"从这一段文字中，大家能发现什么奥秘？"唐老师提问。

"一开始就写雨大，山洪很险。"

"不断地写雨大,洪水越涨越高。"

"还写村民们很慌张。"

"写老汉的句子很少,但我知道他才是主要的描写对象。"

孩子们众说纷纭。

"对,雨水是景,山洪是景,它们越危险,越能突出主要描写对象——老汉的沉稳。"唐老师为大家分析。

"侧面描写的第三种方法就是用事物来衬托人物,即通过对周边事物的描写,来表现文章中主要人物的特点。比如在课文《一夜的工作》中,有这样一段话——"唐老师换了一张幻灯片:

> 这时候,值班室的同志送来两杯热腾腾的绿茶,一小碟花生米,放在写字台上。总理让我跟他一起喝茶,吃花生米。花生米并不多,可以数得清颗数,好像并没有因为今夜多了一个人而增加了分量。
>
> ——《一夜的工作》

"我的天啊,一个国家的总理,夜宵就是一杯绿茶和数得清颗数的花生米?"蔡小美惊叫道,"即使是我这样普通的孩子,晚上吃东西,起码煎个鸡蛋,加根火腿肠吧。"

"周总理生活简朴的品质,用极少的花生米一下子就烘托出来了。"孙不空补充。

"以上就是侧面描写的三种方法——以人衬人,以景衬人,以物衬人。现在,我们要描写一位美女,该如何用侧面描写的方法衬托呢?"唐老师展示出古代四大美女之一杨贵妃的图片(如图3-6所示),"美人在此,但她静静地看着大家,全权交给各位代言咯!"

"她不说,我来说!我对她一通彩虹屁,什么美若天仙,倾国倾城,定夸到她自己都觉得不好意思。这是以人衬人中的人物语言衬托法。"沙小呆率先说。

图3-6 杨贵妃

"她不说,李白来说!'云想衣裳花想容,春风拂槛露华浓。若非群玉山头见,会向瑶台月下逢。'你看大诗人多么会夸人啊!"孙不空果然是学霸。

李晓妍站起来说:"有句成语是'闭月羞花',其中'羞花'就是指杨贵妃。传说她在赏花时,无意间碰到了含羞草,这株草因杨玉环的美貌自惭形秽,害羞得抬不起头来,这不就是以物衬人嘛!美人美不美,花儿来证明。这是以景衬人!"

"小女子谢过各位饱学之士啦!"唐老师装作一个女生,还朝大家施了个礼,逗得全班同学哈哈大笑。笑声中,大家朝电影院走去。

3.2.3 《摔跤吧,爸爸》:没有绿叶陪衬的红花,会不会好看?

马哈维亚·辛格·珀尕(阿米尔·汗饰)曾是印度国家摔跤冠军,因生活所迫放弃摔跤。他希望儿子可以帮他完成梦想——赢得世界级金牌,然而妻子为他生了四个女儿。本以为梦想就此破碎的辛格,却意外发现女儿有惊人的摔跤天赋。看

到希望的他决定不浪费女儿的天赋,再三考虑之后,与妻子约定,用一年时间,按照摔跤手的标准训练两个女儿:换掉裙子、剪掉长发,让她们练习摔跤。最后,他的女儿赢得一个又一个冠军,成为激励千千万万女性的榜样。

"你再闹腾,就把你丢给吉塔,让她训练训练你!"孙不空对着一看电影就兴奋不已的猪小戒嚷嚷。

"别别别,千万别!我被吉塔一摔,小命休矣!"猪小戒做着鬼脸。

唐老师喝住这对"欢喜冤家",召集大家坐在楼道的图书长廊里。天气渐凉,原先的畅谈之地——校园里的长亭被他们残忍"抛弃"了。

"在这部电影中,你认为哪几场摔跤比赛很精彩?"唐老师先带大家回顾剧情。

"我认为最后吉塔与安吉丽娜的比赛很精彩。安吉丽娜曾两次击败吉塔,比赛时爸爸被反锁到储物间,吉塔显然有些不适应,但她很快调整状态,投入比赛。这场世界冠军争夺赛,注定是一场恶战!"沙小呆一马当先。

蔡小美思索着说道:"往前一场比赛也很凶险,那个黑人摔跤手——她的名字叫——内奥米,我认为她俩的比赛也很激烈。"

"影片最后的几场都很激烈,但我认为吉塔参加的第一次比赛非常有看头。这是吉塔首次作为摔跤手参加的乡村比赛,尽管场地简陋,比赛时间很短,她还输了,但这次比赛对于吉塔来说,具有重大意义。"孙不空分析着。

唐老师点点头,引导大家继续回顾细节:"还记得爸爸带吉塔参加乡村比赛时,那两个工作人员是什么表情吗?他说了些什么?"

"一个工作人员听说是个女孩来参赛,笑得半天停不下来,并无情地拒绝了吉塔,还说什么要组织厨艺比赛。就在吉塔转身离去时,另一个工作人员认为这是炒作话题的好机会,吉塔才得以参赛。"猪小戒爱看电影,细节也记得比较清楚。

沙小呆脑中灵光一闪，大喊道："我想起来了，看台上两个男人指指点点，评价吉塔，认为吉塔根本支撑不了几秒，二人的对话瞬间引来周围人的一阵哄笑。"

"我觉得场上有信心的，就是吉塔的爸爸和妹妹。妹妹为她捶背，舒缓她紧张的神经。爸爸用坚定的目光看着她，似乎在说：去吧，我相信你没有问题的。"李晓妍关注到吉塔的支持者。

"那个讨厌的裁判！"孙不空拍案而起，愤愤说道，"还没开始比赛，他就嘲笑吉塔，一副欠揍的样子。最可笑的是看台上的人，他们看到吉塔选了最强的贾西后，都是一副冷嘲热讽的表情。有两个人笑容直接凝固在脸上，有的观众让吉塔的父亲早些准备担架。"

唐老师听着大家各抒己见，及时地给予引导："明明是吉塔参加比赛，为什么导演要把镜头给到这么多人？"

"侧面描写？对，侧面描写！"猪小戒脱口而出。

"很好，导演就是先对主角身边的人物——工作人员、观众、裁判、吉塔的爸爸和妹妹，进行语言、动作、心理描写，突出主角吉塔。"唐老师总结。

"影片紧接着就是正面刻画，吉塔与贾西比赛时善于观察，灵活自如，利用对方轻敌的弱点，快速将对手推倒在地。第二回合，贾西凶猛反击，吉塔小心应战。贾西利用力大优势将吉塔推倒在地，但吉塔毫不怯场，快速反攻。观众席上众人叫好，吉塔的爸爸也为女儿呐喊助威。这样正面、侧面相结合，更能体现主角吉塔。"李晓妍接着说，她流利的发言让大家纷纷竖起大拇指。

3.2.4 闯关挑战十：找一找衬托红花的绿叶

> 闯关挑战第十关

闯关小提示：

侧面描写小妙招一：侧面描写是指通过描写周围人物或环境等来

表现所要描写的对象，以突出主要人物的个性特点。

侧面描写小妙招二：人物侧面描写常用的三种方法是以人衬人，以景衬人，以物衬人。

侧面描写小妙招三：以人衬人，又可细分为人物语言烘托法、人物心理烘托法、人物动作烘托法。

闯关大作战

关卡一：找出下面段落中的侧面描写，说说其表达效果。

桃树、杏树、梨树，你不让我，我不让你，都开满了花赶趟儿。红的像火，粉的像霞，白的像雪。花下成千成百的蜜蜂嗡嗡地闹着，大小的蝴蝶飞来飞去。

_____
_____
_____

关卡二：思维训练一

赵小桐是班里有名的"铁公鸡"，你如何用侧面描写来写她？

_____
_____
_____

关卡三：思维训练二

如果写一节课很吸引人，可以怎么写？

_____
_____
_____

【悄悄告诉你：猪小戒的闯关密码在书后哦！】

3.3 塑造人物法之三——走进人物的内心世界

3.3.1 只会用"我想"写心理,那就太老套啦

"猪小戒,唐老师有请——"孙不空一脸幸灾乐祸的表情,把"请"字拉得老长,仿佛那"请"字里藏着不可言说的秘密。

"什么事?"猪小戒问。

孙不空摇头。

"你猜猜是什么事?"猪小戒又问。

孙不空还是摇头。

"以您学霸、班长,超级无敌的大脑想想,可能是什么事?"猪小戒恨不得把高帽子戴出九层塔的高度。

"您老的事,我哪能知道?请吧——"孙不空伸手做出"请"的动作。

猪小戒忐忑不安地走向办公室,路上把最近几天的表现过了一遍:作业,都交了;考试,还没考呢;有人打我的小报告?不可能吧,我没得罪谁;难道是有什么好事?呸呸呸,猪小戒转而就否定了自己,我,能有什么好消息?

唐老师正在批改作业,看到猪小戒进来,把他的作文摊在桌子上。

又是作文!又是作文!又是作文!

猪小戒好生懊恼!

> 那天,我们班的数学老师没来上课。
>
> 上课铃声响过三分钟,讲台上还没出现老师的身影。我想,数学老师是不是生病了,不能来上课。因为昨天她咳嗽得挺厉害的,我们都很担心她。
>
> 可我又一想,如果是生病了,她肯定会请假的,那么,就

会有别的老师来上课呀。

同学们都在窃窃私语,谁也不看课本。

我想:数学老师是不是遇到了什么急事?她的孩子突然生病了?她的小孩倩倩从小身体不好,有一次数学老师在上课,一位老师突然过来叫她,原来是倩倩的班主任打来电话。数学老师一向非常负责任,所以我认为这个可能性也很大。

看到老师还没来,同学们的说话声越来越高。我又胡思乱想:是不是数学老师在来的路上被车撞了?被人打劫了?被外星人掳走了?被一个黑洞吸走了?想得越来越怪异。我都觉得好笑。

最后,孙不空去向班主任反映情况。唐老师到了教室,大家才安静下来。但我的脑海里还是各种关于数学老师为什么没有来的猜想。

唐老师笑眯眯地说:"你数数这篇作文中,有多少个'我想'。"

一数,四个。

"这的确是我想的啊。"猪小戒有些郁闷。

"你的想法没有错,只是一直用'我想',就有些重复了。本子你先拿回去,作文课上我教你几招,保准让作文变得'潮'!"唐老师拍拍猪小戒的肩膀。

3.3.2 四种方法写心理,轻易看懂对方心

一个人的外貌和神情,一眼就能看见;

一个人的动作,能看到,也能感受到;

一个人的语言,能听到,也能说出来;

一个人的心理,像一个黑洞,怎能被人察觉呢?

但世上却有读心术,往往一个无意识举动,就会让别人知道你在想什么。如何让孩子们学会"读心""写心"呢?

周四的作文课上,唐老师把一沓试卷放在桌子上,说:"这节

课，我们不上作文，把上单元的语文测试一下。"

"啊！"教室里立刻炸了锅。

"为什么不上作文呢？"

"没有任何准备啊！"

"不能这样不讲武德吧！搞突然袭击？"

……

"赶紧把书本收拾到桌子里，我们要开始测试啦！"唐老师严厉地说。

抱怨声逐渐小下去，取而代之的是故意弄出的乒乒乓乓声，孩子们用这种方式发泄着不能言说的不满。

哗哗哗，试卷发下来了。一个同学大叫一声："这不是语文卷子啊！"果然，只是一张普通的作文书写纸。

同学们齐刷刷地将目光投向讲台上的唐老师。

"突然听到老师说要考试时，你心里在想什么？请将你内心真实的想法写在纸上。"唐老师安排。

孙不空表现出了学霸的沉稳气质：

看同学们一个个鬼哭狼嚎的样子，我就想抽他们。平时让你们赶紧交作业，赶紧复习，老师要检查，你们偏不听。这下好了吧，还说我多管闲事。这次单元测试，没有意外，我又是第一！

猪小戒则像是一触即发的火药桶：

唐老师是怎么回事儿？前天不是说要讲写作文的招数吗？今天却搞突然袭击！考试也行啊，为什么不提前通知我们准备准备？这不是专门刁难人吗？真是的！

沙小呆把希望寄托在虚无缥缈的神灵上：

天灵灵地灵灵，观音如来二郎神，请保佑我顺利通过这次考试吧！你知道我这段时间没有认真听课没有认真写作业，在这个关键时刻，我太需要你的帮助和支持了！你让考试题简单些吧，最好是我都会的。请赐予我勇气和力量，让我能够清晰地思考，顺利地完成每一道题目!

蔡小美则是一副吊儿郎当的样子:

考就考呗!对于学生来说,考试不是家常便饭吗?这次考不好,下次再努力,有什么好叫嚷的?来吧,让暴风雨来得更猛烈些吧!(考场上的孩子们如图3-7所示)

图3-7 考场上的孩子们

唐老师听完孩子们的分享,正式开课:"这节课我们来学习人物的心理描写。心理描写是对人物在一定环境中的心理状态、精神面貌和内心活动进行描写,也是表现人物性格品质的一种重要方法。上课时我突然说要考试，就是为了给大家创设一个真实的心理环境。在这个环境里，人们的心理都是不一样的。孙不空胸有成竹，可见他沉稳自信；猪小戒怨气十足，把问题归咎于他人；沙小呆求天求地，希望从外界获得力量；蔡小美大大咧咧，什么都不放在心上……不同的心理活动，展现了人物不同的性格特征。"

同学们恍然大悟，原来唐老师是演戏给他们看啊！作为参演人员，他们可是慌得魂都快飞了！

"刚才我们在写心理活动时，直接把内心想法写出来，这是心理描写的第一种方法：内心独白法。一般用'我想''我认为''我觉得''我回忆起''心里念叨'等词语开头，这也是大家最常用的一种。"唐老师意味深长地看了猪小戒一眼，猪小戒立刻想到前几天的被唐老师批评了的那篇作文。

"人物的内心虽然看不见摸不着，但可以通过语言、动作、神态表现出来，这就是心理描写的第二种方法：言行表现法。"唐老师说着，播放了一个小视频：视频里的人在屋子里不断踱步，烟屁股丢了一地。

"他一定有烦心事。我爸遇到大事情的时候，简直和他一模一样。"沙小呆大声嚷道。

"对的。前段时间我们参加歌咏比赛，在等待演出的时间里，你们有哪些紧张的表现？"唐老师引导孩子们回忆。

"我的心在咚咚咚跳着，都快从嗓子眼儿跳出来了。"

"我不断地卷着衣角，卷起来又放下去，放下去又卷起来。衣角都被我弄得皱巴巴的了。"

"手心不停地出汗，不得不在衣服上擦拭。"

"我不时咬嘴唇，嘴唇都快被咬出血了。"

"我就是不自觉地咳嗽几声，想要把胸口压着的那股气咳出来。但那股气一直在体内乱窜，任凭我如何咳，它都能在我身体里藏得牢牢的……"

"我,我,我,就是想上厕所,想尿尿……"

教室里轰的一声笑开了。

唐老师示意大家安静:"你看,人在紧张状态下会有这么多动作、神态、想法。其他的心理也是如此,高兴会跳,难过会哭,愤怒会捶胸顿足,这是描写心理非常重要的手段。当然,有的人比较含蓄,有的人比较外露,写作时,我们要根据人物性格特点加以区分。"

老师边说边展示出一张幻灯片:

> 老师宣布考试成绩时,看着试卷静静地反躺在桌上,我用有点儿颤抖的手慢慢地掀开试卷一角,一个鲜红的"4"字映入我的眼帘,我的手一抖,试卷又合上了。我一咬牙,把手伸到试卷底下,用力一翻,随着"啪"的一声,我看到了我的分数——48,可怜的"48",我"唉"了一声便瘫在桌上。(《可怜的分数》插图如图3-8所示)

图3-8 《可怜的分数》插图

"唐老师,这段文字写的是我吧?"猪小戒打趣。

沙小呆连忙说:"我觉得是我,别和我争。"

一时间好几个同学来"认领自己",唐老师哭笑不得地说:"别对号入座啦。你们来说说,这段文字写的是哪种心理?用哪些动作、神态表现的?"

"'有点儿颤抖的手''慢慢地掀开试卷一角',说明作者不敢看。'我的手一抖''我一咬牙,把手伸到试卷底下,用力一翻''瘫在桌上',这都写出了我看试卷时既想看到,又怕考得不好的紧张心理。"孙不空说。

唐老师点点头,又展示出幻灯片,这段文字来自经典童话《卖火柴的小女孩》:

> 她又取出一根。擦着了,点燃了,冒出火光来了。火光照在了那堵墙上,于是那堵被照亮的墙,就如一块轻纱那样变得透明了。透过这堵墙,她看见了房间里的一切:房间里摆着一张铺了洁白餐布的桌子,桌子上那些精美而雅致的盘子里盛满了苹果、梅子,还有热气腾腾的香喷喷的烤鹅。更有趣的是:这只烤鹅居然背着刀叉从盘子上走了出来,并且一摇一摆地朝着这个可怜的小女孩走了过来。可是,就在这时火柴又灭了,在她眼前的只是一堵冰凉的厚重的墙。(《卖火柴的小女孩》插图如图3-9所示)

图3-9 《卖火柴的小女孩》插图

"小女孩为什么会看到烤鹅?"唐老师问。

"她此时极度饥饿,人在特别渴望某件事物时,就会以为这个事物真的出现了。就像人在沙漠中严重缺水,眼前会出现绿洲、水源幻觉一样。"段段虎说。

唐老师讲道:"人物的内心世界除了用言行来表现,还可以用梦境、幻觉来展示。它也印证了一句老话:日有所思,夜有所梦。常用'我似乎看到了''我好像听到了''我梦到了'来开头。这是心理描写的第三种方法,也是大家可以多尝试的方法。"

"这方法我熟。"猪小戒叫道,"盯着桌上那张48分的试卷,我仿佛看到妈妈头上烧起三丈高的火焰,操着晾衣架朝我奔来;我仿佛听到爸爸低沉的怒吼声,与妈妈配合着上演一段'男女混合双打';我好像听到墙角里一个小孩哇哇的哭声,走过去一看,他长着和我一模一样的脸。"

孩子们都快笑抽了,唐老师也不得不佩服猪小戒丰富的想象力,看来他有过这方面的深刻体验。

"心理描写的最后一种方法是环境烘托法。环境描写既能对刻画人物、反映主题起到良好作用,又能为文章增添美感,更重要的是能够烘托人物心理。一切景语皆情语,心理不同,所看到的景物也不同。比如这两段——"

> 柳条拂在脸上,像母亲的手抚摸着我的脸,还带来了清新的绿色。汽车的喇叭声滴滴答答,奏起一首欢乐的交响曲,似乎在为我这次优异的成绩庆祝。
>
> 柳条抽打在脸上,我皱着眉头,不耐烦地把那些叶子拽下来扔到地上。汽车的喇叭声尖锐刺耳,刺激着我的鼓膜,似乎也在嘲笑我那书包里不能入目的成绩。

看前者读到的是快乐,看后者读到的是伤心。可见,人在不同心情下看到的景物也是不同的。景物描写能对心情起到很好的烘托作用，是一种比较高级的写法。

"怪不得同学们一写旅游，就说万里无云，风和日丽，原来是心情好了看啥都顺眼。"蔡小美恍然大悟。

"是呢，怎么可能每次旅游天气都那么好？无非是你心情愉快，觉得哪哪都好罢了。所以说，环境描写是心情的镜子，可以照出作者当下的心境。以上即心理描写的四种方法，希望同学们能够熟练运用，更好地塑造你文章中的人物。"唐老师总结。

"所以，唐老师，这节课后您要安排什么电影，安抚一下我们被您吓坏的小心灵呢？"猪小戒嬉皮笑脸地说。

"有安排，有安排。走咧——"唐老师吆喝着。

3.3.3 《另一只鞋子》：你有一只鞋子，我有一只鞋子

> 人来人往的街道上，小男孩坐在墙角，对着自己那双破旧的鞋发愁。他不经意地抬眼，竟发现人群里有一双闪亮的黑皮鞋。穿黑皮鞋的，是一位衣着整洁的少年。
>
> 少年的火车马上就要开动，爸爸拉着他拼命往前挤。情急之中，一只鞋子被挤了下来，他想回头去捡，但是车子已经启动。
>
> 小男孩捡起少年掉下的鞋子，拼命地向前跑，想把这只鞋子还给少年。无奈他跑到虚脱，都没有追上火车。就在这时，少年做了一个小男孩意料不到的举动……

这部仅有四分钟，主角连一句台词都没有的电影结束了，孩子们皆是一副意犹未尽的表情。但大家不得不承认，在影片的最后，泪水偷偷地挤进他们的眼眶。

"来吧，孩子们，我们聊聊这部电影吧。"唐老师召集孩子们在图书馆坐下，拿出几张提前打印好的电影剧照，"影片很短，情节简单，

但有几处地方，我想让大家运用本节课所学的描写方法，表现一下小男孩的心理。"

唐老师展示出第一张剧照图：小男孩儿坐在墙角，努力地修整手中的鞋子。但同学们知道，这双"病入膏肓"的鞋子是没救了。他那懊恼、失望的眼神，隔着屏幕都那么真切。

"如果没记错，小男孩还生气地甩了甩鞋子，似乎在骂它太不争气。但也只是甩了甩，并没有扔掉。可见，他即便讨厌这双鞋子，也不敢把它扔掉。男孩心里应该是这么想的：讨厌的鞋子，你就不能坚持一下，撑到我回家吗？你怎么忍心让我赤脚从火车站走回家呢？你这个冷酷无情没有责任心的家伙，信不信我会把你丢进垃圾桶？唉！其实也不能怨你，我知道你拖着残破的身子坚持很久了，从鞋底被反复钉过的洞，就能看出你曾经的努力。"孙不空的开场迎来大家拍案叫绝，他把小男孩对鞋子既恨又怜的感情，描述得多么真实呀！

唐老师抽出第二张图：小男孩的眼睛像被一根绳子拽住，直直地盯向远处。

"他看到一双新皮鞋！"同学们异口同声地叫道。

那双崭新锃亮的皮鞋，被穿在与他年纪相仿的另一个小男孩脚上。这个小男孩是多么爱惜他的新皮鞋呀，走路时落上一点儿灰尘，他都会停下来及时擦掉。

沙小呆伸长脖子，模仿着小男孩的动作："小男孩的眼睛完全被对方的鞋子吸引，他的眼睛就像墙头的探照灯，随着鞋子的移动而移动。他的脸上露出羡慕的笑容，仿佛在想：多漂亮的一双鞋子啊，要是穿在我脚上，那就完美啦！"

"不过，他的羡慕里还有一丝难过，可能他意识到，拥有这双漂亮的鞋子是不可能的事。"猪小戒补充道。

他的发言让同学们不由得点头——是呢，贫穷的他怎么可能拥有这么漂亮的皮鞋呢？

第三张图片上的小男孩捧着鞋子，眉头紧皱，嘴巴也紧紧地抿住。

"他在做一个艰难的决定。"李晓妍长吐一口气，似乎这个决定是她帮助小男孩做的，"他捧起鞋子时，眼睛里的情感是我无法用语言形容的，仿佛捧着一件无比珍贵的宝贝。但他来不及欣赏，他要做一个决定：是把鞋子留在手里占为己有，还是追上火车还给主人？"

"占为己有又有什么用呢？一只鞋子又不能穿。"有同学小声嘀咕。

李晓妍并不认同他的说法："没错，可是对于贫困的他来说，体验一下也好啊，但他很快就去追火车了，可见小男孩有一种可贵的品质：虽然穷，但很有原则，知道什么该要，什么不该要。"

唐老师非常欣慰孩子们能认识到这一点，补充道："男孩的犹豫纠结，反倒非常真实。对于这个十来岁的小男孩来说，他要用自己现有的认知，处理当下的心情。"

最后一张图是火车上的一个小男孩：他脸上带着笑，朝地上的小男孩儿挥手，身后是他的爸爸——很多孩子观影时的眼泪，就是被这个温暖的瞬间催下来的。

"这一刻，我认为他是幸福的。尽管他丢掉一双心爱的皮鞋，但他帮助了另一个男孩。他也许在想：亲爱的小伙伴，我们萍水相逢，就让这双鞋子串起我们之间的友情。再见，善良的小男孩！让鞋子，为你带去温暖与舒适吧！"蔡小美说道。

"贫穷时的坚守，是一种美德；拥有时的放手，也是一种美德。两个小男孩，用自己的善良温暖了观影的人。我希望你们在任何时候都能保持人心本善的品质，命运会回馈你们的。这可能就是这部微电影最大的意义吧。"唐老师收起所有的图片对大家说。

坚守，放手，善良，温暖，这些词击打着孩子们幼小的心灵，值得他们品味一生。

3.3.4 闯关挑战十一：测测你是不是"读心"高手

闯关小提示：

心理描写小妙招一：内心独白法。直接把内心的想法写出来，一般用"我想""我认为""我觉得""我回忆起""心里念叨"等词语开头。

心理描写小妙招二：言行表现法。通过一些语言、动作、神态反映心理活动。

心理描写小妙招三：幻觉梦境法。

心理描写小妙招四：环境烘托法。环境描写既能对刻画人物、反映主题起到良好作用，又能为文章增添美感，更重要的是能够烘托人物心理。

闯关大作战

关卡一：有感情地朗读以下片段，并说说每段话运用了哪种心理描写方法，表现了主人公的什么心理。

"我的老天爷！"他想，"难道我是愚蠢吗？我从来没有怀疑过自己。这一点绝不能让任何人知道。难道我是不称职的吗？不成！我绝不能让人知道我看不见布料。"（安徒生《皇帝的新装》）

主人公_____的心理。

祥子的手哆嗦得更厉害了，揣起保单，拉起车，几乎要哭出来。拉到个僻静地方，细细端详自己的车，在漆板上试着照照自己的脸！越看越可爱，就是那不尽合自己的理想的地方也都可以原谅了，因为已经是自己的车了。把车看得似乎暂时可以休息会儿了，他坐在了水簸箕的新脚垫儿上，看着车把上的发亮的黄铜喇叭。（老舍《骆驼祥子》）

主人公_____的心理。

那些灰冷的冰，微动的树影，惨白的高塔，都寂寞得似乎要忽然地狂喊一声，或狂走起来。就是脚下这座大白石桥也显得异常的空寂，特别的白净，连灯光都有点凄凉。他不愿意再走，不愿意再

看,更不愿意陪着她,他真想一下子跳下去,头朝下,砸破了冰沉下去,像个死鱼似的冻在冰里。(老舍《骆驼祥子》)

主人公_____的心理。

关卡二:请你来写写老师刚上课就宣布周末去春游时你的心理活动。

_____
_____
_____

【悄悄告诉你:猪小戒的闯关密码在书后哦!】

3.4 塑造人物法之四——欲扬先抑写人物

3.4.1 没有对比的人物,"伤害"了读者的阅读欲望

《长津湖》一上映,电影"发烧友"猪小戒立马预约观影。国庆长假返校后,看过电影的同学聚在一起指点江山,激扬文字。这种自发的讨论,得益于唐老师对他们的影响。

同学们有的喜欢沉稳有担当的伍千里,有的喜欢睿智坚毅的梅生,有的喜欢深藏不露的雷公,有的喜欢活泼机灵的余从戎,而猪小戒喜欢那个懵懵懂懂的伍万里。

猪小戒打小就喜欢听英雄故事。《水浒传》的一百零八将,《三国演义》中的刘关张诸葛亮,《西游记》里的孙悟空,现实中的刘胡兰、王二小、董存瑞、黄继光……他们都是大英雄。慢慢地,猪小戒发现,这些故事里的英雄都有一个特点:天不怕地不怕,舍己为人。

猪小戒在想,难道他们不怕死吗?

是个人,咋能不怕死呢?

是个人,咋就能只想别人,不考虑自己呢?

这不是人吧？

是神！

但伍万里就不一样，他是个孩子，也是个战士。你看他在渔村的那个顽皮样，打水漂，一张口就骂人，头发乱得像个鸡窝，这就是多数孩子的样子。他去当兵，不是因为什么为国争光，就是为了争口气，让哥哥看得起他，这是人都有的争强好胜心理。参军后，他不听指挥，擅自行动，想当逃兵，又怕死，这多像生活中的我们啊！

可慢慢地，伍万里变了！打水漂的灵动成功让他变成机智勇敢的神投手，有了英雄的技能；他主动请战，做好随时赴死的准备；能不开枪就不开枪，不再执着于一定要杀20个敌人，有了英雄的格局与胸怀……这时候的伍万里，是一名合格的战士了！

这样的英雄才有人情味，才是人嘛！

猪小戒如神仙附体，讲得井井有条，头头是道。孙不空听得一愣一愣的，直围着他转了两圈，确定他是同学猪小戒，才大声赞叹：七天长假，你是修炼了什么脱胎换骨术吗？果然，士别三日，当刮目相看！

孙不空的一惊一乍吸引了刚进教室的唐老师，他又听猪小戒重复讲了一遍观点，也对他大为赞赏，并说："这是人物塑造时一种典型的欲扬先抑法，它最大的特点是形成鲜明的前后对比，更显得人物有血有肉，激起观众共鸣。有对比，观众就觉得有趣；没有对比，老是一个样，观众就不想看了。"

"老师老师，你就给我们讲讲这种方法呗，让我们也学习学习！"猪小戒建议。

看着学生这样主动好学，唐老师别提有多开心了，立即说道："没问题！"

3.4.2 三个步骤从"抑"到"扬"，突出人物特点

唐老师用一个故事开始了周四"欲扬先抑"的人物写作方法课：

> 有一天，清代书画家郑板桥冒着大雨去给一位姓陶的朋友祝寿。他一到，主人立刻捧出文房四宝，请他题写贺词。郑板桥不假思索，便在纸上写了"奈何"两个字。众人不解其意，他也不理会，接着连写了两个"奈何"。
>
> 在众人的惊讶声中，他又写了一个"奈何"。一连四个"奈何"，主人木然，神情尴尬，宾客也暗暗着急。停顿片刻后，只见郑板桥微微一笑，挥毫疾书。
>
> 写完，主人和宾客连连称妙，因为整个题词已经神奇地成为一首祝寿诗：奈何奈何可奈何，奈何今日雨滂沱。滂沱雨祝陶公寿，寿比滂沱雨更多。

"如果你看到故事中一连四个'奈何'，心里会想什么？"唐老师问。

"不爽！我今天过寿，你却用四个'奈何'来埋汰我？"猪小戒说。

"埋汰主人肯定不是郑板桥的目的，他要祝愿主人福多寿多。但他没有一上来就说出真实想法，反而抱怨天气糟糕，然后再巧妙地表达自己真正的目的——祝寿。这种方式就是欲扬先抑。欲扬先抑是指作者本来要歌颂、赞美、肯定某人、事、物、景，却不从正面平铺直叙，而是先从反面着手，用曲解、嘲讽甚至挖苦的方式去贬低、控制甚至否定它，最后才露出自己真实意图的一种构思方法。

"欲扬先抑是一种常见的人物描写技巧，用'抑'为'扬'作铺垫，使'扬'更有说服力。"唐老师解释说。

唐老师展示出一条深沟与一座高山的图片（如图 3-10 所示）："如果要做个形象的比喻，就是先挖个坑，是为'抑'，再爬座山，是为'扬'，就像把最深的马里亚纳海沟放在珠穆朗玛峰前，二者的差别就更大了。用这种方法写作，可使情节多变，形成波澜起伏，造

成鲜明对比,容易使读者在阅读过程中产生恍然大悟的感觉,留下深刻的印象。"

图3-10　高山前的海沟

嘿,这么一说,孩子们瞬间明白了。

"那写作时,我们就要先挖坑啰?"猪小戒问唐老师。

"是的。欲扬先抑需要三步:第一步就是挖坑,写好'抑'。'抑'就是抑制、下压,指对人、事、物的贬低,是情调的低沉。生活中,我们总会对一些人一些事产生不好的、厌烦的第一印象。比如说,我们经常觉得街上的游商小贩缺斤短两,斤斤计较,唯利是图;看到穿着邋遢、破旧,或者浓妆艳抹,长相凶恶,面有刀疤,贼眉鼠眼的人,便以为不是什么好人;或者听别人说一个人有这样那样不好,便先入为主,认定他是一个坏人。这些职业歧视、外貌偏见、道听途说,都是写'抑'的好方法……"

孙不空接住唐老师的话茬:"还别说,前段时间我们小区搬来一个小姐姐,今天打扮的是这个造型,明天打扮的是那个造型,晚上很晚才回家,楼道里的人都说她不是什么好人。我妈天天给我上政治课,那个小姐姐就是反面教材。但后来才知道,人家是一个话剧演员!"

孩子们都笑了,纷纷举出身边的一些例子。

"楼下的那家烧烤店,经常放着很大声的音乐,吵得人都睡不好,所以我们全家对那个老板没啥好印象,觉得他是个坏人。"

"学校门口的清洁工,每天风吹日晒,拎个扫帚簸箕,全身脏兮兮的,我们就觉得他低人一等,每次经过他身边都恨不得捂鼻子跑过去。"

"四年级时咱们换班主任,当时不知听谁说新来的唐老师学历不高,教得不好,来我们学校完全是'走后门'的。那会儿咱们的家委会还准备去找校长,不让唐老师教我们班。如果真换了别的老师,那咱们的肠子早悔青了吧?"

大家哈哈地笑着,看着台上的唐老师。

看到孩子们已经明确了欲扬先抑的第一步,唐老师继续往下推进:"在第一步中,我们用一两件小事对所描写对象进行适度的贬抑。第二步就要承认认识有误,写对描写对象的态度转变。开车急转,易出车祸。转变一定要自然,因为人的情感态度的转变,都是有一个过程的。那如何转变呢?

"人们不管从事什么职业,大多数都是遵纪守法的好公民,可以通过一件事情消除偏见;有外形歧视的,后来才知道,人家穿着破旧是勤俭持家,邋遢是职业原因,虽打扮入时但心地善良,脸有伤疤是见义勇为造成的;而那些道听途说的事情,更是没有根据,不能相信……"

"哦,我明白了:要开始爬坡了。"猪小戒为老师做补充。

唐老师肯定了猪小戒的说法:对,太形象了!他提醒道:"不过,'挖坑'和'爬坡'都不是欲扬先抑的重点,'挖坑'要浅,不要把描写对象一棍子打死;'爬坡'要缓,不能马上就和第一印象有天差地别。写作时也要注意事情简略,点到为止。要把重点放到第三步……"

"大招来了,唐老师赶紧出招吧!"沙小呆怪模怪样地叫着,逗得大家哈哈大笑。

"第三步是写作重点,即赞扬描写对象的优秀品质,实现真正目的——扬。在这一部分,我们需要选择最能够表现人物品质的一个方面,具体来写。比如说游商小贩不仅没有缺斤短两,反而总是多给顾客一些;有剩余的东西时,还会主动分给小区里比较困难的人。平时被称作'铁公鸡'的某同学,把节省下来的100元捐给班里生病的人。印象中高傲清冷的邻居在我摔伤之后送我回家,完全不顾我身上的污泥弄脏她洁白的连衣裙……"

猪小戒嘿嘿一笑,又打了个比方:"就是登上山顶,展望远方了!"

"对,挖坑、爬坡、登顶,也就是从'抑'到转变,再到'扬'的过程。"唐老师总结,"现在,我们来看这篇老舍的文章《母鸡》,说说作者是如何从'抑'到'扬',歌颂母鸡的。"

"老舍先生也是实诚,开头就是一句'我一向讨厌母鸡',不留一点儿情面,人家母鸡听了面子上多过不去啊!"猪小戒嘻嘻一笑,"不过,我也知道这是作者故意挖的一个坑,虽然他把坑挖得有条有理,什么没完没了地叫,什么不反抗公鸡,什么下了蛋就嘚瑟……"

沙小呆接住同桌的话题:"作者很快就开始爬坡了,从'可是,现在我改变了心思,我看见一只孵出一群小雏鸡的母鸡'开始。母鸡时刻警惕着,哪怕一点儿声响就要召集鸡仔;只要谁动了它孩子的食物,它都要斗个高低;它耐心地教鸡仔们生活的技能……最后作者发出由衷的赞叹:它负责、慈爱、勇敢、辛苦,因为它有了一群鸡雏。它伟大,因为它是鸡母亲。一位母亲就必定是个英雄。"(《母鸡》插图如图3-11所示)

"作者最后强调'我再也不敢讨厌母鸡了',与开头相呼应。"唐老师做了最后的补充,"从抑到转变,再到赞扬,感情分明,对比性很强,母鸡的特点就非常鲜明了。"

图3-11 《母鸡》插图

"看来欲扬先抑不仅可以写人,还可以写物呦!"孙不空有了新发现。

"是的。在写人、事、物、景时,皆可运用欲扬先抑法。不过,它还有另外一种使用方法呢!"唐老师故意卖了个关子。

"说嘛说嘛,唐老师肯定是知无不言,言无不尽的,对吧!"猪小戒可会给人戴高帽子呢!

"我年轻时特别喜欢看金庸先生的武侠小说,在他的小说《笑傲

江湖》中,华山派掌门叫岳不群,人称君子剑。他武功高强,儒雅风流,感觉一句粗俗的话都不可能从他口里说出。他虽叫不群,却待人极好,无论哪一个英雄好汉有难投到他门下,他都不会让人空手而归。他经常告诫弟子,争做正人君子,弟子对他佩服得五体投地。而且,他和他的师妹结为夫妻,感情很好,家庭和睦。他在江湖上有一等一的赞誉,深得敬仰……"

孙不空似乎明白了些什么,举手叫道:"唐老师,是不是后来你发现,他是一个大恶人?"

唐老师点点头。

"在很多文学作品或影视作品中,'欲扬先抑'可以反着来用,就是'欲抑先扬'。先塑造一个完美的人物形象,随着故事的发展,真相层层揭开,这个人人皆知的完美者其实是制造一系列恶劣事件的大恶魔。这样的结果令人大跌眼镜,却往往收到很好的观看效果。"

"嗯,这种欲扬先抑或欲抑先扬的方法,我必须得试试啦!"猪小戒心里琢磨着,"那我来写谁呢?对了,同桌沙小呆就是一个不错的写作对象。记得刚做同桌时,他小气得像只铁公鸡。后来班里有位同学生病,小呆这个公认的'小气鬼'竟然捐了100元!要知道,老爸是大老板的李晓妍才捐了50元呢!"

正想着,同学们已经收拾好东西往外走了。哎呀,看电影,这么重要的事怎么能落后呢!猪小戒胡乱把书塞进课桌,立刻跑得了无踪影。

3.4.3 《菊次郎的夏天》:与一个不靠谱大叔的夏日旅行

> 暑假到来,自幼丧父的小学三年级学生正男(关口雄介饰)和奶奶生活在一起,他觉得特别无聊。他拿出母亲从外地寄回的信,准备独自去爱知县丰桥市看望母亲。

邻居阿姨（岸本加世子 饰）发现后，决定帮正男完成心愿。她拿出一笔钱作为旅费，还安排游手好闲的老公菊次郎（北野武 饰）陪伴正男一起踏上寻母之途。可是在第一天，菊次郎就把老婆给的钱全部输光了，于是两个人只好步行前往爱知县。

一路搭顺风车，惹了不少麻烦后，菊次郎终于带着正男到了孩子的母亲家，但正男却十分沮丧。归途中，菊次郎努力安慰正男，二人过得十分愉快，夏天就这样过去了。

初看影片名称——《菊次郎的夏天》，同学们有些嫌弃。日本影片？菊次郎是谁？看完之后，同学们立刻就明白唐老师为什么要带他们看这部电影了。

——菊次郎就是那个导演要"欲扬先抑"的人啊！

——菊次郎就是那个先让人看着笑，后让人看着哭的人啊！

电影前半段的菊次郎可是在"欲扬先抑"的"坑里"扎扎实实待了好久呢！有几件事情让他坐收"老流氓"之名。

放暑假了，孤独的正男要去找未曾见过面的妈妈。邻居阿姨就派她无所事事的老公，也就是本部电影的主角菊次郎陪同。于是，一个不着调的男人"闪亮登场"了！

这位大叔第一天就把带的钱输了个精光。他还带着正男去赌，真不怕带坏小朋友。后来，他乘坐出租车，在司机下车的当儿，开着出租车跑了！这令人迷惑的操作，让人觉得他特别不靠谱。

因为没钱，二人只好搭顺风车前往目的地。菊次郎怂恿正男搭讪司机，为博取人们的同情心，他还把正男的脸整个和花猫一样。他们顺利搭上一对年轻男女的车后，菊次郎还不忘砸破那辆拒绝他的车的挡风玻璃！这样的人小肚鸡肠，有仇必报，怪不得人家要追车跑老远来揍他！

更过分的是，菊次郎唆使正男在路上放钉子！一辆车因此被扎

破轮胎，栽在路边的沟里。这……这……简直就是违法行为嘛！

菊次郎的说话方式也让人不快，不管认识不认识，见面先把对方讽刺几句：就你那样，还……这样的人放在现实中，每天不被揍八百遍，天都不会黑。

"这样一个老流氓，是在什么时候让我们悄悄流泪的呢？"唐老师带着大家"爬山"了。

孙不空一马当先："是在他们到达目的地，看到正男妈妈重组家庭之后吧！小正男的伤心失落被菊次郎看在眼里，他返回正男妈妈家，用老流氓的方式讨到一个天使之铃，并用善意的谎言安慰正男。孩子小小的心田被种下一个依旧美好的愿望。这时候的菊次郎，展现出他善良柔软的内心。"

李晓妍若有所思，否定了孙不空的说法："甚至是更早吧！菊次郎调包了乘客的三个饭团，给了正男两个，自己留了一个。虽然这一个不小心掉到草丛里，捡的时候又栽进去，但他是默默关心着正男的，没有他一路照顾，正男不可能完成这次旅程。"

最暖心的是影片后半部分，也就是"登顶"环节。为了让伤心的正男开心起来，菊次郎在节日的街市上抢熊猫布偶，恶意捕鱼，被打得鲜血直流。有人说：快乐是要付出代价的。正男快乐的代价，是菊次郎付出的。

之后的一幕幕都是那么温暖。机车二人组，流浪诗人一同努力，想办法让正男度过了一个愉快的夏天，他们扮成鱼，扮成西瓜，与正男玩各种游戏。正男脸上的笑容一点点多了，他更勇敢、更自信了。

"也许是正男寻母感染了菊次郎，也许是一路的经历唤醒了菊次郎心中沉睡的亲情。影片的最后，菊次郎决定去养老院看望母亲。所以说，菊次郎不仅是陪伴正男寻母，他自己也在寻母。在这个夏天，这段旅程中，二人完成了双向的治愈与救赎。这部电影欲扬先抑的拍摄方法，让菊次郎的性格更加立体。另外，电影里的钢琴曲也很好听，我为大家播放一遍。在美好的音乐中，大家再次回顾影片，结束这次写作课吧。"唐老师打开早已下载好的音乐。

久石让的钢琴曲在教室里欢快响起,同学们似乎又回到那个温暖的夏天……

3.4.4 闯关挑战十二:欲扬先抑你也行

闯关小提示:

欲扬先抑第一步:写好"抑"。"抑"就是抑制、下压,指对人、事、物的贬低,是情调的低沉。

欲扬先抑第二步:承认认识有误,写对描写对象的态度转变。

欲扬先抑第三步:赞扬描写对象的优秀品质,实现真正目的——扬。

欲扬先抑的作用:形成波澜起伏,造成鲜明对比,容易使读者在阅读过程中产生恍然大悟的感觉,留下深刻的印象。

闯关大作战

关卡一:问答——什么是欲扬先抑?

___

___

关卡二:问答——欲扬先抑的写作方法有哪两种形式?

___

___

关卡三:练笔——描写身边的一个小伙伴,尝试使用本次所学的方法。

___

___

___

【悄悄告诉你:猪小戒的闯关密码在书后哦!】

第 4 章

作文就像流水账?
4 个技巧写出具体事情

4.1 细微事情法之一——用环境推动情节发展

4.1.1 写情节没有环境,就像吃油条没有豆浆

猪小戒对他上周交的作文《童年趣事》比较满意。作文写了他暑假在乡下捕鱼的事情,还运用了唐老师教的故事构思小妙招——设计三个小曲折。如果没有意外,这篇文章应该能得到表扬,至少他不用被叫到办公室。

课堂上,唐老师果然把猪小戒的作文当作优秀范文。

童年趣事

暑假时,我总喜欢去乡下的爷爷家。我和小伙伴们经常去乡下河边捕鱼,这是一个充满乐趣和刺激的活动。

我们带着面包屑和塑料袋来到河边,小河清澈见底,让人感觉非常惬意。我们找到一块平稳的石头,先把面包屑扔进河里,然后轻轻地把手伸进水中,但鱼儿却不靠近我们。于是,我们开始研究如何让鱼儿靠近。

我们在河边抓到几条蚯蚓,将蚯蚓和面包和在一起扔进水里。也许是这样的鱼饵更香,有几条小鱼真的靠过来。但我们的手太慢了,鱼儿非常聪明,很快逃之夭夭。

我们用竹筒做了一个鱼篓,将鱼篓放入水中。这一次,我们在鱼篓附近撒下鱼饵,等待着鱼儿游进来。有鱼游过来了,我们慢慢地推动鱼篓,让鱼儿自投罗网,直到它们被困住。我们迅速抓住两条小鱼,将它们放进塑料袋里。没想到小鱼会挣扎得这么厉害。它们嘴巴张开着,在塑料袋里翻滚。我们太过紧张,手指滑了一下,小鱼又逃了。我们又尝试了几次,最终成功地将小鱼捕获。

捉鱼让我们感受到兴奋、刺激和快乐,这难忘的经历让我学会了耐心、勇气和技巧,也让我更加珍惜在乡下的美好时光。(捉鱼趣事如图4-1所示)

图4-1 捉鱼趣事

"猪小戒的这篇文章写得比较好,选材突出主题'趣'字,中间写了三个小波折——鱼儿不靠近,手太慢抓不住鱼,鱼从塑料袋中逃走。文章很具体、很生动,我们为猪小戒鼓掌。"唐老师点评道。

猪小戒在掌声中体会到写作的快乐。

掌声落下,唐老师继续讲:"这篇文章固然不错,但总觉中规中矩,少点儿东西。就像我今天早上只吃了两根油条,没有来碗豆浆,一上午就觉得肚子里干得难受。"

"听您的意思,我的作文得来碗豆浆润润?您就说怎么润呢?"猪小戒急不可耐地嚷嚷。

"不好意思,我得先卖个关子!"唐老师神秘地说。

4.1.2 用环境层层推进情节，情景合一巧吸睛

成功吊起孩子的胃口后，唐老师让大家读了一篇文章。

夕阳中的樱花

远远望过去，那一树树绽放的花朵，在夕阳的映照下，仿佛披上了一层淡红的薄纱，两个骑车的身影正在缓缓前行……

"今天我要打扫卫生，你还会等我吗？"一放学，我就跑到她桌前轻声说道。"又要等你？怎么又轮到你打扫卫生了，真是的，每次都要等你好长时间的！"她一脸的不愿意，抱怨道。"不就是等个十来分钟吗？"我心里暗自念叨着。"我要去文具店买点儿东西，在外面等你，有时间的话，我们再……"话还没说完，她便急匆匆地走了。"整天买笔，还追求什么款式，不就是个书写工具吗？真搞不懂她。"我一边嘀咕，一边无奈地往教室走。看来今晚我只得独自一人回家了，心中不免有点儿淡淡的失落。

云朵将最后一抹夕阳遮蔽起来，不留一丝痕迹。远处，风儿调皮地将满地的纸屑卷起，又肆无忌惮地撒落一地。一结束打扫工作，我立刻冲出了教室，一路小跑来到校门口，焦急地望了望我们约好的那个地方，又失望地垂下头，心里暗自念叨着："算了，她估计已经走了，还是自己回吧。"

走到小路转弯处，一个熟悉的身影忽地闯入我的眼帘。

"快点，我都等你二十分钟了，你怎么才来，真是担心死我了！"风吹起她的头发，有点儿乱，大概是等的时间有些长了，她呼喊的声音有点儿发抖。

"谢谢你等我。"我不禁有些感动。

"说什么呢，我们可是好朋友啊，你自己走这么远的路，我还不放心呢！"说罢，她朝我甩了甩胳膊。

> 先前的不快、猜疑在刹那间一扫而光。她朝我笑了笑,像一朵绽放在夕阳中的樱花,灿烂活泼。夕阳也不知在何时冲破云层,重新露出它美丽的笑靥……

同学们读完后,陆续发表自己的读后感——

"这篇文章写的事情非常简单,'我'误以为她不会等'我'打扫结束,后来看到她一直在等,两人便一起回家。"蔡小美先说。

孙不空点点头,评价道:"这个选材是有点儿老套,但我觉得作者很厉害哦!能把普通的素材写得很有味道。"

"是呢,作者的语言很优美!"大家都赞同。

"大家再仔细读一遍,看看这篇文章中有几处环境描写。"唐老师提醒大家关注细节。

短暂的沉默过后,孩子们的手又举起来。

"有三处。第一处在开头,有夕阳、有花朵,感觉很美好;第二处在中间,云朵遮蔽夕阳,风卷起纸屑,似乎有些不妙;第三处在结尾,夕阳冲破云层,露出笑脸,又是美好的样子。"

唐老师继续引导同学们思考:"这几处环境描写和'我'的心理有什么关系?"

"中间'我'心情很失落时,环境描写就有些不美妙;最后看到她等着'我',不快、猜疑一扫而光时,环境描写又变得好起来。咦?环境描写似乎与人物心情是一致的哟!"沙小呆像发现了新大陆。

猪小戒也叫道:"对啊,这和我们前面学的'人物心情可用环境描写烘托'不是一样的吗?"

看到同学们发现文章奥秘,唐老师非常高兴,就课前的"关子"做出解答:"事情就像早餐中的油条,如果不配着豆浆吃,总有种干巴巴的感觉。如果在写人、写事时,加入一些具体的环境描写,就能够起到渲染气氛,烘托人物性格品质的作用,推动故事情节的

发展。"

"哦,那您的意思是,我需要在写捉鱼时,融入一些环境描写?"猪小戒果然是一点就通。

唐老师点点头:"所谓环境,就是人物活动的场所。可以是自然环境,比如你捉鱼的地点,所处的季节,当天的天气,周围的景物;也可以是社会环境,比如我们现在所在的学校,街上的建筑,或者一个地方的风俗习惯。在小学阶段,我们以自然环境描写为主。"

"那就是景物描写咯?"孙不空问道。

"可以这么说,"唐老师肯定了这种说法,"所以,景物描写的方法,我们都可以用起来。"

猪小戒不好意思地挠挠头:"唐老师,您还是再讲讲景物怎么描写吧。之前也讲过,但我都还给老师了。我爸爸说有借有还,再借不难……"

同学们哈哈大笑,唐老师不得不佩服猪小戒,真是个"自动抬杠"的天才。

"描写环境时,我们多用到的观察方法是用眼看,如观察景物的形状、颜色、大小、数量,以及景物的动静变化。事实上,闭上眼睛,你会观察到更美的景物。你会听到动物不同的叫声,听到风在耳边唱不同节奏的曲子,雨时缓时急,变化着旋律;你可以用鼻子闻一闻大自然的气味,用舌头尝一尝那些可尝之物的酸甜苦辣;你也可以用身体来感觉环境,包括冷暖、质地,以及发生的变化……把自己全权交给自然,充分地、忘我地感受自然,你的景物描写会充满不一样的灵气。"

"唐老师,您讲得真好。可我呢,还是不会……"猪小戒又开始"专业拆台"。

"人说关键时刻掉链子,我呢,关键的时候举例子。"唐老师微笑着翻开一张幻灯片。

"吹面不寒杨柳风",不错的,像母亲的手抚摸着你。风里带来些新翻的泥土的气息,混着青草味儿,还有各种花的香,都在微微润湿的空气里酝酿。鸟儿将巢安在繁花嫩叶当中,高兴起来了,呼朋引伴地卖弄清脆的喉咙,唱出宛转的曲子,跟轻风流水应和着。牛背上牧童的短笛,这时候也成天嘹亮地响着。(春天如图4-2所示)

图4-2 春天

"这是朱自清的散文《春》中的选段。大家说说,作者动用了哪

些感官来观察景物？"

"用眼睛看。看到鸟儿筑巢，看到牧童骑在牛背上。"

"用耳朵听。听到鸟儿歌唱，听到轻风流水，还听到笛子声。"

"用鼻子闻。闻到泥土气息、青草味、花香。"

"他还用身体感受到风轻轻的抚摸。"

"真好！"唐老师赞叹道，"一是作者写得好，全身心感受春的存在，写出如此隽美的文字；二是大家发现得好，把作者的写作方法做了正确分析。我发现，真正进入环境中，我们的身体器官是在积极参与的；但是，一到动笔时，它们就集体罢工了，只剩下眼睛撑着场子。这一点，大家要注意哦！"

猪小戒高高地把手举起来，急切地说："老师，我可不可以这样来写暑假乡下的小河——

"一条清澈见底的小河，从乡下爷爷家流过。站在河边，可以看见水中游动着许多小鱼，还有青蛙跳跃的身影。微风拂过，河面上荡起一层层细小的波浪，发出轻柔的流水声。河水散发着淡淡的泥土味和草木清香。把手伸进水里，清凉的感觉顿时传来。靠近岸边，可以看到很多水草，长得特别高，都有我的个子高了，有些地方还会有成群的蜻蜓飞飞停停。河流两岸绿树成荫，时不时还能听到鸟儿欢快的歌唱声。乡村小河，是我暑假的美妙世界。"

孙不空听完，使劲地揉着眼睛，打趣地说："小戒，我必须对你刮目相看。你说得太好啦！"

猪小戒有史以来第一次谦虚地说："哪里哪里，是唐老师教得好啊！我就是仿照着刚才的片段写的。"

"猪小戒为什么能描写得这么好？我觉得是因为乡村小河在他脑海中留下了深刻印象。所以，如果你有这样的老家，我希望同学们都能多停留些时间，积累写作素材，丰富人生体验。"唐老师可一点儿也不居功。

"言归正传，环境描写可以在文章中'组团出现'。就像《夕阳中的樱花》，环境描写不只一处，而是分布在事情的前中后期。环境与人物心情、情节发展像三条平行的线，紧密相随，读来更有美感。"

"看来我还得在捉鱼的过程中再加几处环境描写。我去捉蚯蚓时，田里的景色清新自然，视野中尽是一片翠绿。微风吹来，草叶发出'哗哗'的声音。远处有几头黄牛悠闲地吃草，偶尔发出低沉的哞哞声。编草笼时，太阳升得很高，水面上波光粼粼。小河两岸的田野里隐约传来农民干活儿的声音，这些声音伴随着流水声和微风拂过树枝时发出的柔和声响，形成无比和谐而悠扬的乐章。（乡村的田野如图4-3所示）

图4-3 乡村的田野

"虽有些晒，但我们为了捉到鱼，依然干得很起劲儿。回家时，太阳非常毒辣，背心已全部湿透，我就把它搭在肩上。上身晒得黑黝黝、烫乎乎，我也不在乎。在这样纯净的环境中，我觉得很快乐！"猪小戒回忆着乡下美景，完善着他的作文。

这时，沙小呆发话了："唐老师，小戒能说这么多，我可说不来。景物描写我就能写那么一两句，这可咋办呢？"

"这是个问题,"唐老师点点头,"环境描写确实有难度,但老师送大家八个字:描写不够,想象来凑。如果真写不出来,就开始胡编乱造吧!"

这是什么鬼主意?人家都不允许胡编乱造,你倒好……

"我们可以想象万事万物都有生命力,会说会笑会叫会思考。然后,你再试试?"唐老师示意沙小呆。

"看到一朵花,花儿吧啦吧啦和我说了一大堆?"沙小呆尝试着说。

唐老师就着沙小呆的话题,继续补充:"花儿不仅会和你说话,它还会和同伴们说话啊!就像有位散文家在她的文章里写的:

> 花朵儿一串挨着一串,一朵接着一朵,彼此推着挤着,好不活泼热闹!
>
> "我在开花!"它们在笑。
>
> "我在开花!"它们嚷嚷。

花儿在笑在嚷嚷,就是作者的想象啊!有了这些想象,还怕景物描写不详细吗?"

"环境描写,组团出现。写时眼耳口舌鼻全身参与。如果还不够,想象来凑!运用这些方法,环境描写不在话下!"唐老师最后总结。

猪小戒歪着脑袋:"那我猜,这次电影里要么有美丽的风景,要么是狂风暴雨,唐老师,您说是不是?"

唐老师留下神秘的笑,没有回答他。

4.1.3 《奇迹·笨小孩》:灾难总会在雨天,真这么巧合?

> 二十岁的景浩(易烊千玺 饰)独自带着幼小的妹妹景彤(陈哈琳 饰)在深圳生活,姐弟俩日常生活温暖却窘迫。妹妹遗传

了母亲的先天性心脏病，必须尽快动手术。

为了凑够昂贵的医疗费，因缘际会下，景浩获得一个机遇。本以为幸福生活即将到来，却没想到遭受重挫。在时间和钱财等多重压力下，没什么后路的景浩决定孤注一掷。他陷入绝境的生活，能不能重新燃烧期待的火苗呢？

"我就知道景浩没法顺顺利利完成拆机工作，这都是电影的老套路啦。"猪小戒一出来就嚷嚷。

"这不就是'波折法'嘛。故事要一波三折才好看，景浩一下子就把工作做完，签下合同，挣到大钱了，你怎么会看得泪眼汪汪呢？"孙不空嘻嘻笑着。

猪小戒不好意思地摸摸还有些湿润的眼睛，不说话了。

唐老师接着他俩的话题，问："电影中景浩完成拆机，遇到哪些波折？"

"一开始，那家大公司并不收他的零件。为找到这家公司的赵总，他骑着摩托玩起街头飞车，都被车撞倒了。赶上赵总坐的那趟火车后，他详细说明自己的方案。赵总同意回收他的零件，但不给定金，也不给工人工资，而且要求景浩拆出来的零件必须合格。也就是说，景浩得自己找人拆机，拆下来的零件还必须通过质检，这是一笔他要承担全部风险的买卖。"李晓妍分析得头头是道。

"我记得一段特别令人感动的场景。景浩建起拆机工厂，招来一个女员工。这个女员工的耳朵在以前的一家厂子被震坏了，她一直打官司申请赔偿。那家工厂派了几个小混混威胁她，让她撤诉，她不同意，双方发生冲突，这位女员工珍贵的助听器被打坏了。景浩厂里的拳击教练出手，三下五除二，就把对方打得服服帖帖。这次意外，使景浩厂里的员工更加团结了。"蔡小美总是能关注到这些无厘头的场景。

"景浩因交不起房租，住的房子被收走了，他们只好搬去厂里住。他一边当'蜘蛛人'擦高楼玻璃赚钱，一边在自己厂里拆零件。擦高楼玻璃非常危险，想想，几百米高啊！哎呀……"沙小呆嘴里吸着冷气，不住感慨着。

"最摄人心魄的是那个夜晚，两个小偷来偷景浩的原材料。景浩冒着生命危险追车扒车，路上发生车祸，司机开车逃走了，把景浩甩到地上。他趴在地上好久才艰难爬起，一看，手指骨折。这段儿看得我真是揪心啊！"孙不空不停地搓着手感叹，仿佛还在那个惊险的情境之中。

"还有，景浩连厂房租金都交不起，被房东撵走了。"猪小戒补充。

孙不空的语气里难掩激动："好在，好在，他们克服了所有困难，拆下的零件通过质检，成功拿下新项目，而且是付定金的那种。景浩终于苦尽甘来，好景常在啦！"

"这部电影中有两场雨，你们注意了吗？"唐老师引导同学们关注环境。

"第一场雨发生在景浩找手机店的老板时。老板告诉景浩他不收翻新手机了，景浩只好失望地离开。其实景浩在找老板的路上，我猜肯定没好事儿！"沙小呆一副未卜先知的表情。

"为什么？"唐老师示意他说下去。

"天空阴云密布，闪电劈开天空，低沉的雷声隐隐传来，整个城市笼罩在一片阴森之中。这样的环境，能有好事儿？它预示着景浩要遭遇一场人生的大暴雨。那个老板不收翻新手机，意味着景浩买的那堆东西没有用处，砸手里啦。"

"很好，大雨暗示了人物的命运，促使景浩转向拆卸零件。"唐老师总结。

"最后一场大雨下得时间挺长，这场雨中，景浩完成了几件重要的事情。一是走投无路去找李经理，浑身湿漉漉的他，可怜巴巴地请求对方预支他点儿钱，但李经理无情地拒绝了，还嘲讽他好高骛远。景浩艰难地走在大雨里去接妹妹，两人在幼儿园门卫处挤了一晚。厂房被收走后，工人们就把东西拉回家自己加工，景浩也住进梁叔的养老院。他们在大雨中完成搬迁，每个人脸上流淌的不知是雨水、汗水还是泪水。他们几个在车厢里用衣架、塑料瓶、暖水瓶等当作乐器合唱，非常感人！"

唐老师说："我觉得这场雨很重要，是这部影片感情的高潮部分。雨下得越大，意味着他遇到的困难就越大。最后雨过天晴，意味着他们将转危为安，体现作品'众人凝聚，必创奇迹'的主题。"

"其实，这部电影除了'雨'这个要素，还有好几处对城市环境的展示。比如导演俯拍的密密麻麻的低矮楼房，仰拍的高楼大厦，这些与城市中奔波的人群对比，体现出底层小人物的渺小。"唐老师最后补充。

这样一提醒，同学们恍然大悟。环境出镜，真有大作用！

4.1.4　闯关挑战十三：为情节加上合适的环境描写

闯关挑战第十三关

闯关小提示：

环境描写小妙招一：描写环境，可以从视觉、听觉、嗅觉、味觉、触觉等不同感官角度来写。

环境描写小妙招二：环境描写可以在文章中"组团出现"，不是只写一处，而是分布在事情的前、中、后期。

环境描写小妙招三：环境描写，多用想象。

闯关大作战

关卡一：读短文，在下面文段的横线上填合适的序号。

绿孔雀寨

古时候,橄榄坝人的祖先一直过着流浪的生活。一天,突然从天上传来一阵叫声:"到橄榄坝去吧,那里会让你们过上幸福的日子!"大家抬头一看,原来是一只绿孔雀。于是,人们欢欢喜喜地跟着绿孔雀向前跑。

跑啊,跑啊,历尽了艰难困苦,终于到了一个大坝子。____有的人看了,说:"绿孔雀不是骗大家吗?"一些人走了,一些坚强的人留下来了,决心用自己的双手来建设橄榄坝。

一年年过去了,橄榄坝变了样。____

绿孔雀没有骗人。后来人们为了纪念绿孔雀,把这个寨子起名叫绿孔雀寨。

① 一片片整齐的竹楼;竹楼周围是数不清的竹丛和果树,有芒果、木瓜、荔枝、椰子、柚子、芭蕉……一树树、一枝枝挂满了累累果实;远处是葱郁的树林、成群的牲畜、金黄的稻田……到处是欣欣向荣的景象。

② 但是,那里到处都是沼泽,成群的蚊子黑压压地飞来飞去,毒蛇缠在树上吐着信子。

关卡二:根据情节拟设环境,表达相应的心情。

妈妈带我去参加"风筝涂鸦,放飞梦想"活动。

去的路上,快乐:一路上,小鸟在枝头为我歌唱,刚从土里冒出的小草向我仰着脑袋,就连两旁的垂柳也在对我点头微笑。

第一次放风筝没飞起来,失望:_____

连续放了三四次,风筝都飞不起来,生气:_____

终于成功,开心:_____

【悄悄告诉你:猪小戒的闯关密码在书后哦!】

4.2 细微事情法之二——三叠方式写神奇的探险之旅

4.2.1 太顺利的探险,留不住读者

猪小戒这几日经常对着学校旧办公楼发呆,似乎在谋划什么事情。他怪异的举动吸引了沙小呆和孙不空,三人便咬起耳朵。

"不空,那天我看语文课本,有次习作是奇妙的探险之旅。"猪小戒神秘地说。

孙不空一眼就看穿他:"所以,你想来次探险吗?"

"没错,写作总得有素材吧!传说,旧办公楼的地下室有鬼,我们去看看?"猪小戒眨巴着眼睛。

孙不空虽觉得猪小戒有些"假公济私",但架不住"捉鬼"的诱惑。三人趁着周一放学后,全体教师都去开会的当儿,悄悄向地下室潜去。

地下室久不使用,用一道铁栅栏封住了进出口,上面还有一把"铁将军"把守。这可难不倒他们——孙不空瘦,从铁栅栏缝隙处钻进去;沙小呆和猪小戒胖,就从铁栅栏上面翻进去。

声控灯早已坏掉,四处黑漆漆一片,空气里弥漫着一股浓浓的异味,潮湿、腐朽。三人拿着手电筒,小心翼翼地往深处走。

猪小戒看着楼道里那一堆横七竖八被淘汰的旧桌椅,脑中浮现出战场上士兵的尸体。身边两个小伙伴逐渐急促的呼吸更让他心跳加快。突然,一只体形硕大的黑色老鼠快速窜过,把三人吓得大叫起来,抱成一团。

胆战心惊地走到地下室尽头,除了踩到两脚灰,别无所获。鬼呢?三人面面相觑。

探险索然无味地结束,猪小戒闷闷不乐:"假如要把这次探险写成作文,我只能写:周一下午,猪小戒、孙不空、沙小呆三人来到旧

办公楼探险。遇一老鼠,三人皆惊,探险毕。"

"这也太无趣了吧?若真写成这样,少不了一趟办公室豪华游。"孙不空苦笑。

三人一商量,第二日跑去向唐老师请教写作秘籍,唐老师听了哈哈一笑:"探险作文下月才写,你们这般积极,看来真是喜欢上作文课啦!不过你们要仔细读读课本要求,人家要求写的,可是一篇想象作文哟!"

什么?这年代,还流行"云探险"?

"既然问到这个问题,那就提前做功课吧。想想你想去哪里探险,沙漠、无人区、南极、北极、亚马孙?确定好一个探险地方,了解那里的地理、气候特点,才能想象探险过程。好了,我要去开会,你们先准备着吧!"

唐老师说完,施施然而去。

4.2.2　巧用数字"3",写出精彩的探险故事

终于等到写神奇探险之旅的作文课!

上课前,唐老师查阅资料,浏览网站,做了充足的准备。当他开始播放亚马孙热带雨林的视频时,同学们都被那迷人的风光吸引了。亚马孙河从大片大片的森林中穿过,犹如玉带环绕。蓝天白云绿树倒映水中,天上地下美景交织。一棵棵参天大树高耸不见其端,午后的阳光蓦然间从树缝间穿插而入,照在一块块浅浅的水洼之上,恰似一块块白玉盘,莹莹生辉。(亚马孙风光如图 4-4 所示)

"谁愿意与我一起去亚马孙热带雨林探险?"视频播放完毕,唐老师问。

教室里的小手举起一片。

唐老师让孩子们把手放下来,又放了一段视频。与前面美得不可方物的景色相比,这段视频里都是奇形怪状的动植物。有巨大的黑凯门鳄鱼,有体形极大的鲨鱼,有水中"高压线"电鳗,有长着尖锐

獠牙的吸血鬼鱼,有世界上最大的蛇类森蚺,身体长达 10 米以上,还有小得只有牙签大小的牙签鱼,它们钻入人体,吸食血液……

图4-4　亚马孙风光

一些看起来非常美丽的花朵,却含有致命毒素。有一种"自爆树",它的果实成熟后会在空中自动爆炸,像子弹一样击中人体。

还有潜伏在密林深处的食人族,他们不仅有吃人的习惯,还以此为乐。他们认为吃人是与神交流,而且能获得神秘力量……总之,一个没有野外生存经验的人,倘若走进亚马孙丛林,很难活过三个小时。

"谁还愿意与我一起去亚马孙热带雨林探险?"唐老师又问。

孩子们噤若寒蝉,谁也不敢举手了。

"此次探险,我会与经验丰富的探险家埃德·斯塔福德同行。他曾于2008年4月进入秘鲁热带雨林,独自一人沿着亚马孙河岸边徒步跋涉4000英里,历时860天并把这些经历写成一本书——《徒步亚马孙》。"唐老师扬了扬手中的书。

有如此"大神"同行,孩子们又跃跃欲试了。

"兵马未动,粮草先行。此次探险,我们要带什么装备呢?"唐老师问。

孙不空正好做过亚马孙雨林探险的攻略,便一一罗列:防蚊虫液、伞兵刀或军用匕首、猎枪(最好有)、GPS导航、登山服(加头盔和射灯)、军用手电、探照灯、对讲机、信号弹、登山镐、军用帐篷、打火机等取火装置(最好是防水的)、望远镜、照相机(可选)、急救箱、海事卫星电话、压缩食品、绳子、睡袋。

这般齐全,大有"不空一出,谁与争锋"的意思。

一架飞机起飞的音乐响起,唐老师徐徐说:"各位同学,我们的亚马孙探险之旅即将启程。飞机将飞往智利国际机场,请大家系好安全带。"转而又是一阵清脆悦耳的鸟叫声,仿佛把同学们带进郁郁葱葱的原始森林……

"现在我们乘着皮艇行驶在亚马孙河上,沿岸郁郁葱葱的树木错综复杂,丰富的氧离子令人心旷神怡。正当我们欣赏着美丽的风光时,突然水中泛起一道涟漪,德爷大叫一声'不好!'"唐老师一边播放视频,一边解说。

视频在这里戛然而止,唐老师也止住声音,示意大家接下去。

"不好,有鲨鱼!"孙不空接住话头,他前期可是对亚马孙雨林的生物做了充分了解,"如果你只认为海中有鲨鱼,那就大错特错了。亚马孙河中生活着一种凶狠的牛鲨,这条牛鲨有三米多长,尖利的牙齿在阳光下闪着森森白光。显然,船上的人激起了它的食欲。德爷叮嘱我们不要大喊大叫,只见他操起一根木棍猛击鲨鱼的鼻子和眼睛,这可是鲨鱼的软肋。鲨鱼吃了痛,灰溜溜地游走了。我们跳到嗓子眼儿的心,这才平静下来。"(智斗鲨鱼见图4-5)

图4-5 智斗鲨鱼

同学们对孙不空的发言报以热烈掌声。

"河里有这么多恐怖生物,太可怕了。我们还是靠边上岸吧!"沙小呆嘟囔着。

唐老师同意了沙小呆的建议,说道:"船长拨转船头向岸边靠近,刚固定好船,几位同学就迫不及待地跳到岸上,惨叫声就是在这时发出的……"

"他们遇到了什么?"猪小戒不由发问。

李晓妍想了想,站起来说:"他们可能踩到了箭蛙。这是一种漂亮的但有些诡异的青蛙,身体只有三四厘米长,四肢布满鳞纹。它们蹲在草丛中,绿色的身体与草丛混为一色,不仔细看还真看不出来。这时德爷快速将绳子绑在受伤者的伤口上端,防止毒血流回心脏,并用肥皂涂抹伤口处。好在这是几只毒性并不大的箭蛙,他们

才捡回性命。"

李晓妍的发言得到大家热烈的掌声,看来她在课前做过充分的准备。

"在船里不安全,上岸也不安全,这可咋办?"沙小呆一脸愁容。

"这时候,你就知道为什么要与一名专业探险家同行了。"唐老师继续说,"德爷带大家小心翼翼地下了船,决定先建立一个临时庇护所。他找到一片地势较高的竹林,选四根粗大的竹子作为庇护所的四角,又带着几个男生砍下多根竹子,连接四角作为庇护所的房梁。接着,把砍来的棕榈叶和芭蕉叶铺在房顶上,这样可避免日晒雨淋。最后,用相同的方法于离地两尺的地方搭建一层作为床,四周围上竹竿与芭蕉叶子,这样就能躲开亚马孙夜晚的风和肆意叮咬的蚊虫……"

"总算有一个落脚之地了,是不是要开始做饭啦?"沙小呆提醒。

唐老师点点头:"我们得去寻找食材吧?"

"算了算了,这么危险,我们还是在庇护所里吃压缩饼干的好。"沙小呆生怕遭遇什么不测。

"可是,即使你不去寻找食材,灾难也会找到你。就在大家吃着干粮时,一群野人盯上了我们,并试图靠近。德爷并不想得罪这些野人,就朝他们友好地笑着,并伸出手去。对方似乎不懂德爷的意思,小心翼翼地靠过来。德爷迅速拍下野人的照片,要知道,这些近距离的野人照片一定会引起轰动。野人对德爷手里那个会发光的家伙有些害怕,停止前进的脚步。几个人叽叽咕咕说了些德爷听不懂的话后,又向这边靠拢过来。这时,德爷点起火柴,他们对火有些迷惑,居然用手去抓,结果被烫得到处乱窜,一转眼工夫,就跑得没影了。"

"这下可安全了。我觉得晚上睡觉时,一定要在庇护所旁边燃起火堆,一是能驱赶蚊虫,二是吓退野兽、野人。"猪小戒建议。

"主意不错!我们便在四周捡了一些干燥的树枝,燃起火堆。大家实在太疲惫了,没多久,便在惴惴不安中沉沉睡去。"唐老师的声音随之也变轻柔了。

"太惊险了，不过，这才能体现作文要求的'险'嘛。"猪小戒联想到前段时间的地下室探险，意犹未尽地说。

"对，既然是写神奇的探险之旅，就要把遇到的险情写出来。读者的心就会被牵引到文章中，他想知道主人公命运如何，是生是死，阅读兴趣自然就有了。"唐老师讲出写作文的小妙招，"光写险情还不够，得把求生的方法写具体。因为主人公不能一出场就死吧，如果是这样，作文就写不下去了。"

"是呢，得有点儿主角光环，主人公必须大难不死。所以，会遇到什么险情，用什么方法求生，还得提前从书上网上了解。否则，你真不知道会在亚马孙遇到什么可怕动物、可怕植物。"蔡小美打算去南极探险，对亚马孙雨林知之甚少，自然是插不上话。

孙不空略一沉思，站起来说："唐老师，刚才您在描述险情时，也运用了之前所学的'三个曲折'法——水中遇牛鲨，岸上遇箭蛙，庇护所遇野人。这样一环连着一环，很是吸引读者呢！"

唐老师很欣慰孙不空能发现他设计故事的原理，这也正是他想教给孩子们的一个方法：运用数字"3"，写出精彩的探险故事。事实上，数字"3"在文学中用处大着呢！

"对，至少要设计 3 个险情，给出 3 个求生方法，这样你的探险故事就撑起来了。"唐老师对亚马孙雨林探险做出总结。

接着，唐老师按探险地把孩子们分成若干小队，有沙漠探险队、热带雨林探险队、海中荒岛探险队、幽深洞穴探险队、南极冰川探险队、罗布泊无人区探险队……

"本次习作让大家编一个惊险刺激的探险故事。因此，这是一篇想象文章哟！请大家先根据自己的探险地点，做好出发前的准备！"

去往沙漠探险的段段虎罗列了如下装备：足量的淡水，电解质饮料，户外专业 GPS、防晒霜、宽檐渔夫帽、偏光太阳镜、速干衣服、防晒冲锋衣、吸汗透气的袜子、背包、手杖、照明设备、帐篷、羽绒

睡袋，真空包装的肉类熟食，以及医药急救包。（沙漠探险见图4-6）

图4-6　沙漠探险

装备配置齐全，人物组团完毕，各分队便开始设计探险之旅。借助课前搜集的图片、视频、资料，合作设计出来的探险之旅无不险象环生，唐老师听得津津有味。

听完各分队的探险故事，唐老师为孩子们提出一个小建议："探险，除了险情，还可以根据情节设置描写惊险的景物。如令人不寒而栗的乌鸦叫声，眼里闪着绿光的狼，吐着信子的毒蛇……好的环境描写让读者有身临其境之感，读起来备受震撼。"

咦，之前学过的环境描写果然有用！

课堂最后，唐老师带来一则惨痛的消息：

2023年7月22日，一自驾车队自敦煌市出发，未经批准穿越新疆罗布泊野骆驼国家级自然保护区，不幸造成三人遇难一人失联。很快，失联者遗体也被发现。据了解，四人分别为两名四川籍游客、一名当地向导和一名修理工。

根据中国探险协会发布的报告，该队穿越者未遵守国家法律和地方性法规，未经批准非法穿越，无周详的探险方案和应急救援预案,探险行动未纳入"户外救援互助系统",对目的地的地理、气候了解不足,探险装备及物资也准备不足。

此外,向导并非有资质的专业领队,无野外生存及救援能力,对卫星地图/GPS导航不熟悉,未配备合格的卫星电话,也没有可锁定位置并收发北斗消息的智能手机。沙漠驾驶技术不合格,陷车后处理不当,导致悲剧发生。

这则消息讲完,教室里一片沉静,就像一盆冷水兜头浇过来,把孩子们对探险的兴趣全浇灭了。

半天,沙小呆才回过神来:"原来,探险是以生命为代价的呀。"

唐老师缓缓说道:"大自然创造了鬼斧神工的美丽景色,古今中外,无数人深入各种极限之地。他们的精神是伟大的,勇气是可嘉的,但无论是何人,无论有过多少次成功经验,都要敬畏自然。因为,人在自然面前,永远是渺小的。"

这节作文课,就在惊险与沉重中结束了。

4.2.3 《七十七天》:没有去过无人区,能不能写探险?

电影是以探险作家杨柳松77天孤身穿越羌塘无人区的真实事迹为蓝本创作的。电影中,在生活里迷失了自我的男主徘徊在雪域高原独闯无人区。女主身体残疾,仍然乐观面对生活。她让他坚定了去尝试世人眼里无法完成的无人区奇幻探险之旅……主人公真诚、勇敢地面对命运,面对挑战,不懈地追寻着内心最初的梦想与真正的自我……影片在节奏、画面、张力上给观众以强烈的视觉冲击,让观众跟随主人公经历了一场无与伦比的探险之旅。

电影看完后,孩子们差点儿吵翻天——男主人公杨到底死没死?有的同学说他死了,理由很充分:那天夜晚,被狼群包围,饥寒

交迫,失去意识,这些对于独自在无人区的人来说分分钟都是致命的。但凡了解过无人区,都会认为主人公必死无疑。至于影片后面出现的美丽夜空,女主降临,和小狼欢乐嬉戏,都是主人公的幻觉,人之将死,难道不能想点儿美好事物?

也有很多同学说男主没有死:电影根据成功穿越羌塘的杨柳松的真实经历,和由他撰写的《北方的空地》小说改编。注意:这是一次真实的、成功的穿越。

"死了!""没死!""死了!""没死!"

"你冷血!""你幼稚!"

没有唐老师,这场争执是停不下来的。他一边示意孩子们安静,一边引导大家梳理电影情节:"我们来回忆一下主人公有过哪几次险情。"

"他遇到沙尘暴,那沙尘暴似乎能把人卷起并且撕碎,这个时候就要护住东西,头朝下趴在地上,静静等待沙尘暴过去。"沙小呆嚷着。

猪小戒接住同桌的话茬:"一头落单的野牦牛向他冲过来,吓得他只能闭上眼睛等死。不过那头牦牛冲到他面前时,莫名其妙地跑开了。主人公这次幸免于难,只能归功于主角光环。"

同学们哈哈大笑,不过觉得猪小戒讲得很有道理。

"才躲掉牦牛,又碰到两只超级有耐心的野狼。它们对主人公不离不弃,双方白天斗黑夜斗,都想把对方干掉。一次,二狼呈前后夹击之势,主人公以为自己小命休矣,不料一头熊出现吓跑两只狼。但熊似乎对这个男人没什么兴趣,很快就走了。那两只狼又返回困住男主,男主不得不用肉干诱开二狼,跑回帐篷。狼是主人公遇到的时间较长的险情。"孙不空说。

段段虎也说:"主人公还遇到一个很致命的危险——缺水,他渴到要喝自己小便的程度。好在天无绝人之路,下了一场雪。我注意到他的嘴唇干得都起了皮,太不容易啦!"

"还有雪融性洪水暴发,他不得不涉水前行。机缘巧合下,他遇到一只小狼，这给他的独行增添了些许乐趣。对了，他还遇到龙卷风，粮食也吃完了，饿得奄奄一息，头脑发昏。你们注意到那晚火堆旁他的眼神了吗？我觉得他是想吃掉那只小狼的！"蔡小美看得可真够仔细。

"可见，这部影片不断展现主人公在穿越羌塘无人区遇到的险情，紧紧抓住观众的好奇心。这和作文课上所讲的'设计曲折探险情节'是完全一致的。不过，电影中的曲折更多些，毕竟，它要撑起一部影片嘛！"唐老师总结。

"探险真的太难了，搞不好就要送命。可是，为什么还有人要去呢？"猪小戒理解不了这些人"吃太饱"的行为。

"我认为主人公的独白已经回答你的问题了。人的一生何其短暂，做想做的事，成为想成为的那个自己。影片中气势磅礴的高山，沉静神秘的雪峰，辽阔壮美的草原，清澈碧绿的湖泊，纯净无瑕的蓝天，自由奔跑的动物，这是普通人穷其一生都无法到达的净土，而杨柳松到达了，这也许就是挑战极限的意义吧。"唐老师总结。

"那他到底死了吗？"猪小戒又绕回到"死没死"的话题，没有一个明确答案，他心里好难受。

唐老师看着孩子们期待的眼神，认真地说："主人公死没死，不必非得争出一个标准答案。我认为，这是导演刻意留给观影者的悬念，我们要学习这种以悬念结尾的方式。这种开放式的结尾，更能让读者把心思放在电影想表达的主题上，即：对自由的追求，对美好生活的向往，人与自然的和谐共处。探索美，远比一个答案更重要。"

4.2.4 闯关挑战十四：假装去南极

> 闯关挑战第十四关

闯关小提示：

写好探险小妙招一：把遇到的险情写出来，并把解除危险的过程

写具体。

　　写好探险小妙招二：巧用数字"3"，写出精彩的探险故事。

　　写好探险小妙招三：写好惊险环境，让"险情"加倍。

闯关大作战

　　关卡一：请查找资料，如果去南极探险，需要准备哪些装备？

_____

_____

_____

　　关卡二：根据你掌握的资料，想一想你在南极会遇到哪些险情？

_____

_____

_____

　　关卡三：你会如何应对遇到的危险？

_____

_____

_____

　　【悄悄告诉你：猪小戒的闯关密码在书后哦！】

4.3　细微事情法之三——那一刻，我长大了

4.3.1　说来也奇怪，成长就在那一刻

　　课间操，孩子们经常三三两两围在一起聊天。

　　猪小戒和沙小呆既能"商业互捧"，又会"互怼拆台"，还可以"倾心交谈"，这不，二人又在相互咬着耳朵。

　　猪小戒一脸闷闷不乐："妈妈老说我是个小孩子，时不时就会来

一句:你啊,什么时候能长大啊!我就奇怪了,我个子一年年见长,体重一天天增加,怎么就没长大呢?"

"长大,可不仅仅是身体的成长,更是一种心灵上的成长。"沙小呆当起心灵导师。

"那天我看到一篇文章《童年的馒头》,最后一句是这么说的:就是从那天起,我觉得自己长大了,有了照顾妹妹和娘的责任。按作者这么说,长大就是一天的事咯!"猪小戒感慨。

"那肯定嘛,人都说成长就是一瞬间呢!"沙小呆说。

猪小戒一听,迫不及待地问:"小呆,那你有过这么一瞬间吗?"

沙小呆不好意思地笑了,想了半天,摇摇头。

猪小戒感觉好失落。成长,到底是怎样一种奇妙的感觉呢?

正想着,班长孙不空从门外跑进来,大声叫道:"来几个男生去办公室搬快递,唐老师给咱们带了荷花酥!"上周唐老师去杭州学习,特地为每个同学带了当地特产。

荷花酥被小小翼翼地分到每个同学手上,美得不忍下口!它真像一朵盛开的荷花,数十层薄如蝉翼的酥皮,包裹着湿润香浓的丰满内馅。孩子们瞅一瞅,舔一舔,不一会儿,荷花酥的花瓣没了,内馅没了,掉在手心里的渣渣也被舔得干干净净。

猪小戒看了又看,还是忍住想吃的欲望,把荷花酥轻轻地放在桌兜边。他这般小心的动作落入唐老师眼中,唐老师问:"小戒,怎么还收起来了?不想吃吗?"

"不是啊,我……我……想带回家吃。"猪小戒不好意思地挠挠头。

其实,看到这么美的荷花酥,猪小戒第一念头是把它送给妈妈。妈妈特别喜欢荷花,相册里有各种各样荷花的图片。如果她知道这世上还有一种糕点叫荷花酥,并能尝一尝它香甜的味道,一定会很开心的。

"是吗?"唐老师似乎长着一双"读心眼",一眼就看穿了猪小戒。

猪小戒又挠挠头,说:"我妈妈很喜欢荷花,我想……把荷花酥

带回去给妈妈尝尝。唐老师,你既然把荷花酥给我们了,那给谁吃,是我们的自由吧!"

唐老师摸摸猪小戒的头:"当然啦!我们的猪小戒,真的长大啦!"

什么?我长大啦?就在刚才?

4.3.2 定格画面,把"成长"一刻写具体

幻灯片上显示出作文题目"那一刻,我长大了",猪小戒就想到前一天唐老师夸他长大的情景。

莫不是老天赐予我写作素材?可惜的是,"成长"的感觉来得快去得也快,还没咂摸出味道,它就溜走了。

林海音的《城南旧事》中一段文字,被呈现在幻灯片上:

> 瘦鸡妹妹还在抢燕燕的小玩意儿,弟弟把沙土灌进玻璃瓶里。是的,这里就数我大了,我是小小的大人。
>
> 我对老高说:
>
> "老高,我知道是什么事了,我就去医院。"我从来没有过这样的镇定,这样的安静。
>
> 我把小学毕业文凭放到书桌的抽屉里,再出来,老高已经替我雇好了到医院的车子。走过院子,看那垂落的夹竹桃,我默念着:
>
> 爸爸的花儿落了。
>
> 我已不再是小孩子。
>
> (爸爸的花儿落了见图 4-7)

"说来也奇妙,小英子的成长,就在一个瞬间。这种成长有别于身体的长高,是心智上的顿悟与成熟。在走过的十个年头里,你有没有一个成长的瞬间?或者你认为的成长是什么?"唐老师笑眯眯地问同学们。

图4-7 爸爸的花儿落了

教室里有片刻的沉默,段段虎站起来说:"我有过。我忘记是什么时候,爸爸妈妈都不在,我照顾两岁的妹妹。那天我哄妹妹睡觉,陪妹妹玩耍,还要做饭,她看不到妈妈直哭,我还要安慰她,逗她开心。看到她平安快乐地度过一天,我感到自己是大人了,能承担起照顾妹妹的责任了。"

"我也有类似的经历。那年冬天,爸爸生病了,妈妈也感冒了,我就成为照顾妈妈的主力军。我要上网课,要给妈妈端水送药;要变着花样做饭,让病中的妈妈吃饱吃好;还要安慰病中的妈妈。那时

候,我觉得我才是妈妈,而妈妈是孩子。"李晓妍说。

大家都笑了,但从心底觉得李晓妍做得真棒!

沙小呆犹犹豫豫地站起来:"不怕大家笑话,我上三年级之前都不敢一个人睡觉,一直是和爸爸睡一起……"在同学们憋着的笑声中,他继续说,"有一晚我刚睡着,爸爸就被单位叫去处理一个突发事件。第二天早上睁开眼没看到爸爸,我也没觉得害怕,从此就一个人睡。我不知道,这算不算长大。"

同学们纷纷点头,各自分享自己的成长经历——学会做饭啦,学习方面有进步啦,参加竞选啦,敢当众发言啦,独自一人打出租车回家啦……唐老师认真地听完孩子们的发言,总结道:"成长,不仅仅是年龄的增长,更重要的是一个人内在的认知水平、思考能力和行为能力不断成熟、走向独立的过程。而在这个过程中,大多数人都会经历一件特殊的事情。所以写成长,其实是写一件事。"

写一件事情,我还是有些经验的。什么人在什么地方做什么事,事情的起因、经过、结果是什么,把这些写清楚,事情就记叙完整了。但本次作文题目是"那一刻"哟,这"一刻"到底该如何选择呢?猪小戒暗暗思忖。

"就像从一个长长的视频中截取出三五秒钟,'那一刻'也是从一件事情中选出最能打动自己的,最令自己心生感触并产生行动的一个场景。比如猪小戒过生日,妈妈切蛋糕时,他发现妈妈眼角出现浅浅的皱纹。过生日是一件完整的事情,有起因有经过有结果,但'发现妈妈的皱纹'是短短的一瞬。这一瞬间,他有了触动,他要感恩妈妈报答妈妈。"唐老师在黑板上画了一条长长的线段,又用红笔加粗了其中的一段,仿佛在讲一道数学题,把一件事与"那一刻"说得很清楚。

"如果是写一件事,我还能写篇五百字的作文,可是只写一瞬间,岂不是三言两语就写完了?"猪小戒指着短短的红线说。

他的话立刻引来不少同学附和。

"你的问题很有价值!"唐老师满意地望着小戒,"如何把一个画面写具体呢?这的确是个难题!"

孩子们都嚷嚷:"赶紧讲吧,我知道您是有办法的。"

"不,我没有办法。但我知道你们会有办法。"唐老师一边说一边放出一张幻灯片,"我们在这段文字中找找办法吧!"

> 第二天下课,老师便把我叫到办公室。我低着头,脸涨得通红,心里像十五个吊桶打水——七上八下。老师拿出了我的本子,严肃地说:"李明,看看你写的作业,你自己认识吗?"我偷偷抬起头,心虚地瞟了一眼我的本子。那上面的字就像一个个醉汉,东倒西歪,站都站不稳,它们一个个都在嘲笑我:"哼,只顾自己玩,把我们写成这样!"我觉得脸火辣辣的,羞愧得恨不得能找条地缝钻进去。老师大概见我知道错了,语气变得温和起来:"孩子,记住,无论做什么事,都得认真啊!马马虎虎,什么也做不好。来,老师看着你把这些字重写一遍。"
>
> 听着老师温暖的话语,看着老师亲切的面容,这一刻,我突然感觉长大了,暗下决心:以后无论做什么事,都要认真,再也不要惹老师生气。

沙小呆一边看一边赞赏地点头:"这段文字果然是截取的'一刻',没有前因,也没有后果,就是'那一刻'。但的确写了不少字!"

"本段写了'我'的神态——我低着头,脸涨得通红;'我'的动作——我偷偷抬起头,心虚地瞟了一眼我的本子;'我'的心理——我觉得脸火辣辣的,羞愧得恨不得能找条地缝钻进去。还写了老师的神态、动作——老师拿出了我的本子,严肃地说;老师大概见我知道错了,语气变得温和起来……这不就是我们前面学过的人物描写方法吗?"关键时刻,还是学霸孙不空呀!

唐老师肯定地点点头:"没错!写'那一刻',就是把人物的语言、动作、心理、神态落到细处。你看,这不是大家找到的方法吗?"

"人物描写果然大有用处,写人写事都能用哦!看来,孔子老先

生说的"温故而知新"是有道理的。"猪小戒感慨道。

"'那一刻'要详细写,前面部分与后面部分是不是得简略些呢?"沙小呆指着黑板上的线段图问。

唐老师正色讲道:"对,事情的前部分要简写,介绍清楚什么时候什么地方有哪些人,让读者对这件事有大致了解。但结尾还是要花些笔墨的。试想,你觉得自己长大了,懂事了,那你肯定有所变化,有所行动吧?否则,长大就是嘴上自嗨呦!

"怎样才是'长大'呢?一是对别人的付出心怀感激,二是用对比的方法写出'我'的变化。如在生日前,小戒经常拖拖拉拉,不认真做作业,妈妈为此很头疼;生日后,小戒想到妈妈为自己操劳太辛苦,就自觉主动地写作业,不用妈妈担心。这样一对比,读者会对小戒的'成长'一目了然。"

"哦,明白了,就是说到做到,不放空炮!"猪小戒总会有他别样的解读。

"前面简单写事情,中间详细描'一瞬'。语言动作加神情,结尾还要写行动。唐老师,我这几句打油诗可还行?"孙不空一脸求表扬的神情。

哇哦——教室里一片赞叹声。

"孙不空已经总结得非常到位了,我呢,就给大家找一部非常好看的电影吧。"唐老师高兴地说。

"什么电影呀?"

"《长津湖》——"

"耶——"

4.3.3 《长津湖》:那个打水漂的少年,去打仗了

在抗美援朝战争第二次战役中,中国人民志愿军第9兵团将美军精锐部队分割包围于长津湖地区,歼敌1.3万余人,扭

转了战场态势。电影《长津湖》以长津湖战役为背景,讲述一个志愿军连队在极寒严酷环境下坚守阵地奋勇杀敌,为长津湖战役胜利做出重要贡献的感人故事。重点表现志愿军战士服从命令、视死如归,冻成冰雕也不退缩的革命精神,不惧强敌、敢于战斗、敢于胜利的英雄气概。

长津湖战役是抗美援朝战争中一场非常重要的伏击战。当时,美军的据点有几个(如图4-8所示)。战争持续近一个月,可分成三个阶段。

图4-8 美军在长津湖的据点

第一阶段:全面伏击。沿美军必经之路,志愿军在各个据点埋伏着大量战士。为占领先机,志愿军六天六夜日夜行军,成功将美军截为五段,形成分割围歼的有利态势。

当时,志愿军遭遇一场百年难遇的大雪,气温降到了零下四十摄氏度。但行军紧急,很多人穿着很单薄的衣服就入朝作战。

第二阶段:逐个击破。美军增援,且人数众多。于是,志愿军由全面进攻改为逐个击破，先集中所有力量消灭一个据点。美军在下碣隅里附近对志愿军发起猛攻，后志愿军全歼了新兴里美军最厉害的北极熊团。

第三阶段：追击阶段。美军计划向兴南港撤退逃走，要经过古土里和兴南港之间的水门桥。志愿军三次炸桥后，美军用飞机运来八套车装桥组件，仅用不到两天的时间，就在悬崖上架设了一座可撤退部队所有车辆的桥梁。凭借强大的国力优势和训练有素的部队反应能力，美军安然无恙地通过水门桥。来到1081高地时，他们被眼前一幕惊呆了：129名志愿军战士俯卧在零下四十摄氏度的阵地上，手握钢枪、手榴弹，面向公路保持着整齐的战斗队形和姿态。一动不动的他们，已经被冻成了冰雕。

观影完毕回到教室，唐老师要带同学们回顾影片中一个人物——伍万里的成长经历。

"影片开始的伍万里，还是渔村里一个打水漂的少年（如图4-9所示）。那个时候的他，给大家留下什么印象？"唐老师问。

图4-9　打水漂的伍万里

"爱说脏话！"

"调皮！"

"邋里邋遢！"

"是一个孩子王!"

"水漂打得好!"

唐老师点点头,随即展示出影片最后伍万里的图片。这时的他举起右手敬着军礼,报告自己的姓名——第六百七十七名,伍万里。

"你会用哪个词语称呼这个时候的伍万里?"唐老师问。

同学们异口同声地说:"战士!"

唐老师引导同学们前后对比:"他身上发生了哪些变化?从哪里可以看出?"

"外貌有变化。他换上军装,和在渔村时乱糟糟的头发、脏兮兮的脸有不同。"沙小呆说。

蔡小美接着说:"他的动作有变化。在渔村时鲁莽冲动,刚当兵时,站着还要扭来扭去。后来就不一样,敬军礼时干脆利落,身板直直的。"

"还有,他说话有变化。原来张口闭口都是'老子',还犟嘴,一言不合就撂挑子。影片最后,他说话是很有力量的。"李晓妍继续。

"我觉得他的眼神变化最大,完全没有影片开始的孩子气,也没有刚参军时的慌张,有的是坚定、沉稳、勇气。"孙不空回答。

"伍万里从渔村顽童成长为钢铁战士,这一过程中有几件事情触动他。通过观影,你觉得是哪几件?"

教室里安静下来,大家都在细细地回忆、思索。

"我觉得火车上的那次入连仪式,对伍万里有着深刻触动。在火车上,他遇到很多战友。

"比如雷爹,他对伍万里是偏爱的,但他拒绝伍万里操家伙与余从戎斗。因为,两个人的比试,至少要讲究公平吧!这是雷爹在教他战斗的规则。还有雷爹说的话:让你的敌人瞧得起你,那才叫硬气!自己丢的人,自己挣回来!想要枪啊,战场上自己缴去!这些话都在影响着伍万里。

"还有余从戎,嘻嘻哈哈的,一直在戏弄伍万里,但也是在教伍万里。他说:别人冲锋,都是前面有敌人,我冲锋,我前、我后、我

左、我右全是敌人。

"对了,有一个指导员叫梅生。他看起来文质彬彬的,他对战士们说:伤亡不值得夸耀,挺住就是一切。再就是他的哥哥,屡次批评他,也屡次教育他,果然是'打是亲,骂是爱'。我印象特别深的是他说的一句话:七连遇到的敌人,每一次都比我们多好几倍,你也去和敌人说,你们人多?

"可以说,穿插连所有的战士,他们都影响着刚刚参军的伍万里。"

孙不空一口气说了一大堆,且井井有条,实在令人佩服。

猪小戒的眼神里满是星星:"不空,你是如何把每句话都记得这么清楚的?"

"不瞒大家说,我超级喜欢这部电影,上映后看了不下十次。但我只是关注情节,没有像唐老师一样,梳理出一些线索。果然是外行看热闹,内行看门道呀。"孙不空谦虚地讲。

唐老师接着说:"各位同学,请大家仔细回忆一个细节。哥哥取消了伍万里的授枪仪式后,他干脆撂挑子不干了。当他负气准备跳火车,拉开车厢门的一刹那,眼前出现了非常壮美的一幕……"

"长城!"

"对,是长城!所有的人,包括银幕前的观众,都被这出其不意的一幕惊呆了。之后,伍万里像突然变了个人一样,自觉接受罚站。我们要着重考虑这个问题:导演为什么让长城在此刻出现?它对伍万里有什么影响?"

"长城这么美,祖国山河这么美,如果不保卫,就会被敌人占领。"猪小戒尝试着说。

"是的,壮美的长城也许让伍万里认识到:当兵不仅是为证明自己,更是为保卫美丽的国土,保卫来之不易的幸福生活。这,就是成长!"唐老师铿锵有力地说。

接着,同学们又分享了"小山之死"。小山是伍万里在部队里遇到的同龄人,他俩一起使坏,偷听谈话,撤离火车,是伍万里收获的第一份友情。敌人的轰炸让战友小山的血溅到伍万里脸上,伍万里第一次直面战争的残酷。即便他吓得要死,伤心得要死,也一声没吭,因为他一动,战友们都得死,他在乱石堆里学会守护自己,守护战友。

第三次成长,是伍万里第一次杀敌。伍千里跟敌人缠斗,桀骜的少年拿着尖刀却迟迟下不去手。伍千里一再催促,心急如焚的伍万里依然没能将尖刀刺向敌人。直到伍千里被敌人扑倒在地,迫不得已的伍万里开出第一枪——敌人的血溅了他一身。

短暂的害怕过后,新兵的胆怯终于被抛开,此后他内心的火苗仿佛被点燃,他紧紧地跟着伍千里,投手雷、射敌人,是学习也是保护,这一刻他学会了保护亲人。

战场是一个巨大的课堂,迅速地教会伍万里如何去生存。他经历过的一件又一件事情,让他从一个不会打枪的新兵蛋子,成长为坚定报出"第六百七十七名,伍万里"的钢铁战士。(如图4-10所示)

图4-10　钢铁战士伍万里

讨论完这些,同学们才清晰地认识到:《长津湖》,不仅描绘出战争的宏大场面,记录着历史巨变的经典时刻,还聚焦于小人物的成长蜕变。

"既能着眼于大战场,又能刻画出小人物。也许,这就是电影

《长津湖》吸引我们一次次看的原因吧。课堂结束,但观影可以继续。下课!"

4.3.4 闯关挑战十五:随军记者眼中的伍万里

闯关挑战第十五关

闯关小提示:

写好成长小妙招一:写成长,其实是写一件事。

写好成长小妙招二:"成长一刻"是从一件事情中选出最能打动自己的,最令自己心生感触并产生行动的一个场景。

写好成长小妙招三:写"那一刻",就是详细描写人物的语言、动作、心理、神态。

闯关大作战

关卡一:如果你是一名随军记者,正好目睹了小山被炸这一幕,你该如何记录伍万里在这场战争中的成长呢?试着以第三者的视角,写一写《伍万里成长记》吧!

_____

_____

(闯关提示:伍万里的表情、动作、语言、心理是什么样的……)

【悄悄告诉你:猪小戒的闯关密码在书后哦!】

4.4 细微事情法之四——从细微处写亲情

4.4.1 还在写"雨中送伞"的老套剧情?快停笔吧

小学作文中总有几个常客,每年都会出现一两次,比如《爸爸妈妈的爱》。既然孩子们每天都生活在父母关爱之中,唐老师相信这篇作文学生们肯定能写好。

收回作文本一看,惨不忍睹。

"妈妈雨中送伞"荣获事例使用排行榜第一名。有十几位妈妈出门只带一把伞,风雨无阻地骑着自行车接送孩子,无一例外被淋成落汤鸡,而孩子全身干干的——雨啊,你是精准投射吗?

"深夜送医院"屈居排行榜第二。爸爸们忙到夜晚都不回家,妈妈们不打出租不叫滴滴,背着孩子一步步走向医院。而且动作统一,都趴在床边睡觉,一夜过后,鬓边的白发多了许多,全部变成白发魔女。

拿到季军的是"鱼头妈妈"。吃饭时,妈妈的筷子齐刷刷伸向鱼头,并配着一句台词:妈妈喜欢吃鱼头。于是,天真的孩子们次次把鱼头夹给妈妈。直至遇到同样爱吃鱼头的姥姥才真相大白,孩子们感动得泪流满面。

不同的妈妈,同样的配方。

为什么日日享受父母之爱,写出来的作文却重复无感呢?

张爱玲说:娶了红玫瑰,时间久了,红的就变成了"蚊子血"。再疼爱孩子的爸妈,因为太熟悉,爱的动作重复太多,就变得习以为常,没有书写的必要?还是孩子的记忆有选择性,只记住爸爸妈妈生气、愤怒、唠叨,而那些有爱的、亲切的相处场景,被自动屏蔽掉,所以只好拿老生常谈的事例凑数?

唐老师在校园里展开一次随机采访:你的爸爸妈妈爱你吗?从哪些方面体现出来?

问第一个问题时,唐老师都会接收到质疑的眼神,仿佛在看一个神经不太正常的人——哪个父母不爱孩子?但回答第二个问题,孩子们几乎都要犹疑片刻。

妈妈每天都要为我们做饭,接送我上学,晚上还要给我检查作业、辅导功课。

星期天更忙了,洗衣服,做家务,送我上各种培训班。

爸爸嘛，天天上班，为我们挣钱。

其他方面？我生病了他们很着急，天天照顾我。

妈妈给自己买东西总是淘宝、抖音、拼多多几个平台来回穿梭，再三比价。买我的东西，不假思索，买！

为了做一道菜，跟着短视频边学边做。只因为我随口一说：妈，我们吃××××怎么样。

……

唐老师发现，孩子就是那个拿着金饭碗讨饭的人，他们生活里有很多鲜活的、感人的事例，但他们选择了忽视。那，如何唤醒封存在孩子们心底的真情呢？

4.4.2　五个"一"选材法，让爱自然流淌

作文课上，唐老师做的第一件事情是"唤醒沉睡的记忆"，把父母之爱的"星星"拾起来。他发给每个孩子一张纸，纸上画着大大的表格，表题是"唤醒父母之爱的表"（如表4-1所示）。

表4-1　唤醒父母之爱的表

"招牌"美食	物件	场景（家里）
"招牌"动作	父母之爱	场景（学校）
"招牌"语言	场景（其他）	场景（旅行）

"请围绕表格中的提示词,回忆你与父母相处的情景,选择你认为可写的事情,简要概括,填在表格内。"伴随着轻柔的音乐声响起,唐老师吩咐。

同学们有的闭目回味,有的托腮深思,有的写写停停……

看到大家陆续停笔,唐老师说:"如果你有一个苹果,我有一个苹果,彼此交换后,各人手里仍然还是一个苹果;如果你有一种思想,我有一种思想,彼此交流思想,每人便有了两种思想。全班几十个人的母爱聚在一起,就成为爱的海洋,现在有请同学们谈谈你的父母之爱吧。"

"我想到的是一碗小米粥。我的肠胃不好,医生说要多喝小米粥养胃。妈妈先把小米拣得干干净净,再加入红枣、花生或者南瓜,慢火细熬三十分钟。这样的粥喝起来软糯香甜,像极了妈妈的味道。"李晓妍说。

"我想到的是妈妈的一句口头禅:别怕,有妈妈呢!有次我去参加钢琴比赛,把装准考证的袋子丢在出租车上,急得直哭。妈妈握着我的手说:别怕,有妈妈呢!她根据付款二维码问到出租车公司,又联系到出租车司机送回准考证。还有很多时候,妈妈总是说这句话,她的话让我心安。"蔡小美说。

李晓妍的"妈妈牌"小米粥让很多同学想起了"妈妈牌"豆浆、牛奶、手擀面、鱼香肉丝、可乐鸡翅……几乎每位同学都有自己专属的"妈妈牌"食物。蔡小美的"别怕,有妈妈呢"也引起很多同学共鸣,有催促型老妈的"快快快,我数321";有稳重型老妈的"心放平,慢慢来";有鼓励型老妈的"相信你,你能行";有搞怪型老妈的"看老妈七十二变";有说谎型老妈的"妈妈不饿,妈妈不渴";当然,也有对比型老妈的"你看人家×××"……

旅游的事例也丰富多彩。为了给孩子解说旅游景点,提前定旅游攻略做详细笔记;怕孩子渴着,经常会背三四瓶水;跑大老远买当地小众的工艺品,只为给孩子留个纪念;暑假火车上人很多,和乘客

说了很多好话,调到和孩子挨着的座位……

相互的分享让教室里不时响起"我妈也这样""这么说,我也想起了……""哎呀,真是同款妈妈"的声音,那些尘封的记忆被人一撩拨,纷纷浮出水面。

素材有了,唐老师便要指导大家"择菜"了:"现在,大家终于可以放弃'九块九包邮'的'三件套'了。但这么多新素材,不能一股脑地全写到作文中去。唐老师教大家用'五个一'选材法,即:

"制作一道美食;

描绘一个物品;

叙述一件事情;

穿插一句话语;

重复一个动作。

"你的九宫格罗列出很多事例,请依据'五个一'选出你最想写的一个。当然,如果你有选择恐惧症,暂时做不了决定也没关系。唐老师接下来会讲'烹饪'方法,到时你再选用哪种食材做哪道菜。"

幻灯片闪烁,呈现出几段文字:

> 妈妈先是麻利地将添加碱面的面粉用温水混合搅拌,拌成雪花状时,就用力揉成面团。她反复揉搓,直到面团光滑得像一块白色鹅卵石。接着用擀面杖用力推压,"鹅卵石"就渐渐地变大,变薄,像十五晚上挂在天边的月亮。母亲在"月亮"上撒面粉,用擀面杖从一边将整块面卷起来,连推带压地向前滚动。她倾斜着身子,反复多次,震得案板"咚咚"作响。我还真是替妈妈觉得吃力哩!
>
> 案板被面覆盖满了!我围在妈妈的身旁,仿佛在欣赏奇珍异宝似的。只见妈妈将面轻轻一撩,那面好像是一块塑料纸一样,中间鼓了起来。很显然,这时的面已经很薄了!妈妈再将擀好的面十字对折,叠成扇形,然后用菜刀均匀地切成挂面似

的细面。条细如丝,且不断裂,光滑筋道,柔韧不粘。

开始煮饭了,蓝色火苗舔着黑色的锅底,母亲将切得细如麻丝的面条顺入锅底。一会儿锅里的水就开了花,再翻几个滚,面熟了!妈妈三下五除二将面条捞到碗里,再舀一勺菜汤。看着碗里珍珠似的油花、红红绿绿的调料,真让人馋涎欲滴,加菠菜、萝卜片,调上油泼辣子,使人顿感形、色、味、香俱全!真是"汤如甘露面似金,一条入口赛神仙"啊!(妈妈做手擀面如图4-11所示)

图4-11 妈妈做手擀面

藏在电影中的作文写作密码

"读完以上段落,你有什么发现?"唐老师问。

猪小戒站起来反问唐老师:"这几段文字是写面,还是写妈妈,还是写妈妈的爱?"

唐老师不接招,把这个问题抛给同学们:"大家来说说,到底在写什么?"

孙不空思考片刻,说:"虽然看起来是写做面条,但实际是写母爱,这就是母爱的表达方式。可能妈妈不会把'我爱你我爱你'时常挂在嘴上,但一定会给自己的孩子做好吃的。"

这句话同学们都认同。

唐老师说:"选用'制作一道美食'表现母爱,最核心的方法就是化身一台摄影机,把母亲制作饭菜时的动作、神情、语言细腻地记录下来。我们在前面已经学过这方面的描写,可见,人物几大描写方法是写作的基础。包括叙述一件事,写母亲的一句口头禅,一个习惯性动作,都要用到人物的描写方法。"

"我们来看著名作家梁晓声写的这段文字——"唐老师又换了张幻灯片:

> 但我想有一本《青年近卫军》,想得整天失魂落魄。
> 我从同学家的收音机里听到过几次《青年近卫军》的连续广播。那时我家的破收音机已经卖了,被我和弟弟妹妹们吃进肚子里了。
> 在自己对自己的怂恿之下,我来到母亲上班的地方,向母亲要钱。母亲那一年被铁路工厂辞退了,为了每月二十七元的收入,又在一个加工棉胶鞋帮的街道小厂上班。
> 那是我第一次到母亲为我们挣钱的那个地方。
> 空间非常低矮,低矮得使人感到压抑。不足二百平米的厂房,四壁潮湿颓败。七八十台破缝纫机一行行排列着,七八十个都不算年轻的女人忙碌在自己的缝纫机旁。因为光线阴暗,

每个女人头上方都吊着一只灯泡。正是酷暑炎夏,窗不能开,七八十个女人的身体和七八十只灯泡所散发的热量,使我感到犹如身在蒸笼。

我呆呆地将那些女人扫视一遍,却没有发现我的母亲。

七八十台缝纫机发出的噪声震耳欲聋。

"你找谁?"一个老头对我大声嚷。

"找我妈!"

"你妈是谁?"

我大声说出了母亲的名字。

"那儿!"

一个老头儿朝最里边的角落一指。

我穿过一排排缝纫机,走到那个角落,看见一个极其瘦弱的脊背弯曲着,头凑到缝纫机板上。周围几只灯泡烤着我的脸。

"妈——"

"妈——"

背直起来了,我的母亲。转过身来了,我的母亲。褐色的口罩上方,一对眼神疲惫的眼睛吃惊地望着我,我的母亲的眼睛……

母亲大声问:"你来干什么?"

"我……"

"有事快说,别耽误妈干活!"

"我……要钱……"

我本已不想说出"要钱"两个字,可是竟说出来了!

"要钱干什么?"

"买书……"

"多少钱?"

"一元五角……"

母亲掏衣兜,掏出一卷揉得皱皱的毛票,用龟裂的手指数着。

"这段文字是借物品来表达母爱。'我'家非常穷,破收音机都被换成粮食吃进肚里,按理说,母亲已经很难再拿出钱支持'我'买书,但母亲没有丝毫犹豫,掏出毛票给了'我'。作者详细写了母亲的语言、动作、外貌,表现她劳动的艰辛。对了,这里还用了环境描写!'七八十台缝纫机发出的噪声震耳欲聋',可见母亲(见图4-12)的工作环境很恶劣!"蔡小美发现了新大陆。

图4-12 母亲

"恰当的环境描写就像手擀面上浇着的菜肴,瞬间添了色、添了香、添了味。写父母之爱除了运用刚才的'摄像机追踪法',还可以运用我们之前所学的故事构思黄金法之四——反常法……"

"对啊,反常情反常理!"猪小戒激动地叫起来,"父母都是爱孩子的,这是常情,但我可以写父母不爱我。记得有次去春游,同学的爸妈都给孩子装大包小包吃的,而且还给好几十块钱。我爸倒好,一个水壶就把我打发走了,还说现在不用一箫一剑走江湖,而是一个水壶走江湖。出去后,同学们都买饮料喝,我呢,只能喝白开水。

我怀疑我是不是他亲生的。后来听妈妈说，爸爸是担心我喝饮料引起肠胃不适。"

唐老师夸赞道："猪小戒的这个事例就是用反常法表现父母的爱。我们经常会遇到父母限制孩子行为，反对孩子的某些决定，因工作忙碌放弃陪伴孩子，或者是看起来很冷漠，不近人情……但细细品味，他们的爱却是无私的。"

"我觉得还可以用双标法写父母之爱。我妈妈买自己的衣服，500元都嫌贵，放在购物车很多天，犹豫来犹豫去，最后删掉了，嘴里还嘟囔：眼不见为净。有时碰到一个特别喜欢的东西，总会货比三家，淘宝上看京东上看，最后在拼多多上买了——便宜呗！但对我就不一样，一双鞋子500元，不贵！买！还说，小孩子跑跑跳跳多，鞋子必须舒服。只要是我想报的学习班，报！只要是我想看的书，买！那口气，阔得真像一位大亨。"沙小呆越说声音越低，同学们都默默地听着，似乎在思索什么。

唐老师示意沙小呆坐下，补充道："父母总会把'讲究'给我们，把'将就'给自己。这是个非常好的写作角度。谁还能想到其他的？"

蔡小美站起来说："我想用说谎法写父母的爱。妈妈常说做人要讲诚信，可她却是那个经常说谎的人。但我知道，那些都是善意的谎言。有次我们去爬泰山，大雨说来就来，她赶紧把仅有的一件冲锋衣穿在我身上，还一个劲儿地说：'我不冷我不冷。'哪儿啊，我明明听到她的牙在打战，拉着我的手一片冰凉。"

"还有一种是偷偷摸摸法。"段段虎突然站起来说。

同学们马上看向他，一脸"此话怎讲"的表情。

"小学二年级时，妈妈为锻炼我的独立性，让我自己去上学。虽然我家离学校不到一千米，但我还是有些害怕，走得小心翼翼。有一天，我不经意回头看，发现妈妈在我身后几十米远。她跟踪我！她为什么跟踪我？妈妈走过来，说她正好走这条路去超市。后来据

我观察,她经常跟在我后面。渐渐我明白了,她既想让我独立,又担心我在路上出什么意外,于是采用跟踪法。老母亲啊,总有操不完的心……"

时间真快,下课铃响了,大家还意犹未尽地说着自己的爸爸妈妈。唐老师便悄悄把幻灯片换成了电影海报。

"《漂亮妈妈》!"眼尖的孙不空喊道,"真是部应景的电影。"

4.4.3 《漂亮妈妈》:母爱是一副珍贵的"助听器"

> 女工孙丽英有一个儿子叫郑大,先天失聪。因为这个原因,丈夫与她离婚了,她独自承担起教儿子学说话、养家的责任。
>
> 孙丽英想让儿子进入常规小学读书,但被学校婉拒。更不幸的是,儿子的助听器竟也被踩坏了。于是她辞去稳定的工作,找了一个可以带着儿子上班的活儿——送报纸,同时还打几份钟点工:一是可以多挣点钱;二是能够时刻与儿子相处,教孩子说话。
>
> 孙丽英好不容易攒够买助听器的钱,少不更事的郑大又因外界对他的歧视而拒绝佩戴助听器,更拒绝与母亲沟通。悲愤交加的孙丽英打了儿子,并告诉儿子他的确和正常孩子不同。这对母子又会怎样逾越这道坎呢……

人们说,看电影是一种娱乐,但唐老师不能苟同。如果在观影的过程中,激起情感共鸣,联想到自己的生活经历,并有所领悟,进而唤醒更高层面的认知,那观影就是一种成长。

看到孩子们静静地从电影院出来,一改往日的激动兴奋,唐老师就知道,他们一定从这部电影中获得了情感共鸣。

"先来聊聊这部电影的情节吧!"唐老师引导大家。

"情节很简单:妈妈照顾先天失聪的儿子郑大。"蔡小美说。

"这部电影像极了我们的日常——妈妈教儿子学说话,给儿子找学校,努力送报纸做钟点工赚钱。这些普通的日子,流淌的全是妈妈对儿子郑大的爱。"孙不空补充。

"你是从哪些细节体会到母爱的?"唐老师继续引导大家回忆。

猪小戒思索着说:"电影中,孙丽英并没有放弃天生失聪的儿子,甚至都没有把他送到聋哑学校接受特殊教育。她一直坚信自己的孩子是个正常人,于是通过耐心和爱心,使用手语和口语相结合的方式,一遍遍地教他说话和交流。郑大刚开始不会发'花'的音,妈妈就一次一次地教他,后来郑大终于能准确无误地说准'花'字,她妈妈高兴得都哭了。母爱,培养出如此伟大的老师。"

"最后一句,很有哲学味道。"唐老师表扬他。

"我对母亲送报纸的场景印象深刻。为了能够更好地照顾和教育郑大,母亲放弃了一份稳定的工作,选择了允许她带着儿子一起工作的职业——送报纸。她买了一辆旧三轮车,把儿子放在三轮车上,母子俩风风火火地穿梭在北京的大街小巷。妈妈的肩膀虽然瘦弱,但为了孩子,可以扛得下所有的苦,这也是爱的体现。"李晓妍的发言引来一阵掌声。

段段虎继续说:"还有一个场景特别重要。妈妈无偿地为方老师做家务活,其实是想让方老师向校长说情,允许儿子进学校读书。虽然方老师没有这个权力,但也答应做郑大的美术老师。像正常的小学生一样学习,这对身体有缺陷的郑大来说,甚至比吃得好穿得好更重要。"

"我记忆深刻的是妈妈生气的场景。妈妈好不容易买到了助听器,但郑大被其他孩子欺负,赌气死活不戴。妈妈努力劝说,郑大顶嘴后跑出了家门,妈妈一气之下打了郑大。这一次,妈妈哭得很伤心,第一次朝儿子大声地吼。这时候的郑大,在妈妈面前念起那篇课文——那篇他要通过学校测试的课文。孩子问:我为什么要戴助听器?妈妈回答:因为你和别人不一样,你耳朵听不见。这是妈妈第

一次在儿子面前承认儿子与别人不同,但她很快鼓励孩子要好好上学。我觉得,母亲能坦诚地说出孩子的问题,并与孩子一起面对问题,也是一种爱的表现。因为,她教孩子学会了担当。"孙不空讲得头头是道。

沙小呆接住孙不空的话:"电影的最后场景是郑大又一次参加学校的测试,但没有告诉观众他有没有通过,有些卖关子哦!"

"对呀!不说考上,也不说没考上。"同学们纷纷说道。

唐老师看着孩子们说道:"其实,结果是什么并不重要,关键是母亲有伟大的爱和乐观积极的态度。拥有了这些,生活中还有什么困难能打败他们呢?"

是啊,有什么能打败一个母亲的爱呢?

4.4.4　闯关挑战十六:选择一个细节表达爱

闯关挑战第十六关

闯关小提示:

亲情选材小妙招:

制作一道美食;描绘一个物品;叙述一件事情;穿插一句话语;重复一个动作。

亲情写作小妙招:

摄像机追踪法;反常法;双标法;说谎法;偷偷摸摸法……

闯关大作战

关卡一:如果让你选择一则材料,表现父母之爱,你会选择哪个材料?

关卡二:你一定读过一些写亲情的文章,选择你认为描写得好的一段话,摘抄下来。

_____
_____

【悄悄告诉你:猪小戒的闯关密码在书后哦!】

第 5 章

总是在原地打转?
4 个助力展开想象翅膀

5.1 奇幻想象法之一——基本现实生活的想象

5.1.1 不敢想不会想？别给想象画地为牢

猪小戒因作业没完成,被唐老师批评第 99 次后的那天下午,他垂头丧气地往家走。在一条幽深的小巷里,他看到一只大而黑的蜘蛛在织网。

"小戒小戒,要不先看会儿蜘蛛织网吧!唐老师说,要多观察才能写好作文!"大脑里的左左说,猪小戒就在蜘蛛网前停下来。

"唐老师说放学要赶紧写作业,你是想再挨批评吗?"大脑里的右右在发话。

左左右右哇啦哇啦地吵着,猪小戒站在蜘蛛网下犹豫不决,不知该听谁的。

这时,蜘蛛居然说话了:"猪小戒同学,你是为作业发愁吧?嘿嘿,告诉你吧,我有一种'顺顺利利丝',保你每件事都办得顺顺利利的。"

"那作业也能顺顺利利完成吗?"

"当然!"

猪小戒太开心了,凑过去问:"我怎样才能拥有这种丝呢?"

"不着急,我围着你绕一圈,'顺顺利利丝'就会缠在你身上。然后,嘿嘿,"蜘蛛得意地笑着,"你做什么都会非常顺利啦!"

猪小戒马上放下书包,让毛茸茸的蜘蛛围着自己转了一圈。尽管他看到蜘蛛那黄色的花纹、八条修长的腿,浑身起了一层鸡皮疙瘩,但一想到作业能顺利完成,立马忍住了。(猪小戒与蜘蛛见图 5-1)

晚上,猪小戒翻开数学练习册,算式马上就算好了;打开英语本,字母自动移到本子上;最令猪小戒头疼的作文,他只是把本子打开，不知从哪里钻出来的字，就在本子上安顿下来。

图5-1 猪小戒与蜘蛛

太神奇啦！猪小戒高兴得一晚都没睡好。

第二天，猪小戒早早来到教室，把作业交给班长孙不空。孙不空不可置信地翻翻他的作业——天哪，不仅写完了，而且字迹还很工整。猪小戒终于能扬眉吐气一回！

"小戒，想什么呢？"唐老师把手放到猪小戒面前晃了几下。这时，猪小戒的目光才从悠远的地方收回来，如刚睡醒般看着唐老师。

眼前，是他还没开始写的作业……

没有顺顺利利丝。

没有一下就写完的超能力。

没有孙不空赞叹的眼神。

只有窗外那只爬来爬去的黑蜘蛛。

猪小戒把刚才脑海中神奇的经历讲了讲，同学们听后直笑他异想天开。笑声中，猪小戒像个犯错的孩子，不由得红了脸。

在同学们的笑声中，唐老师突然想到什么。生活中，我们经常会有一种体验，当期待一件事情发生的时候，头脑中便会时不时地想

象那个实现的画面。雨果也说：想象是人类最美的花朵。猪小戒脑子里那些看似怪异的想象，其实是多么珍贵的个人心理活动呀！

如何让孩子的想象开出更美的花呢？

5.1.2　从身边事物想开去，一个房间就是一个世界

一条悠长的小巷，铺着青石板，伸向遥远的尽头。小巷的两侧是古朴的商店，店铺的门开着，门口是素雅的小花。小巷里人很少，偶尔有猫猫狗狗悠闲地散着步。

这是幻灯片上出现的画面。

一个神秘的声音响起：进来吧，这里有不寻常的玩意儿……

同学们的注意力迅速被吸引，到底这是一家怎样的商店呢？

一只小猪走进商店，看到各种颜色的糖果。

"这里的糖果，含在嘴里就会发生神奇的事情。来，这颗黄色的糖果，你试试看。"店主狗獾叔叔说。

小猪吃下这颗黄色糖果，奇怪的事发生了——他居然轻而易举地举起一块巨大的岩石。但当他把糖果吃完时，他无论如何也挪不动那岩石了。

原来，这是一颗大力士糖果呀！

店主狗獾叔叔递给小猪一颗蓝色糖果，小猪吃进去，立即发出狮子般的叫声。糖果吃完，它又恢复了哼哼唧唧的猪叫声——这是一颗变声糖果，而且是变狮子声音的糖果！

故事讲到这里，唐老师停下来，问："大家猜，这是一家出售什么商品的商店？"

"糖果店吧！"同学们纷纷说。（《神奇糖果店》内页如图 5-2 所示）

"是的，"唐老师点头，"日本绘本作家宫西达也在这本书里构建了一家神奇的糖果店。这里的糖果各有奇特的能量，让小猪实现了各种各样的变化。但是，所有的变化也会随着糖果吃完而消失。你们

来猜猜看，小猪还会吃到什么颜色的糖果？发生怎样的变化？"

有一天，小猪在森林里，噔噔噔地走着、走着，看见了一家神奇糖果店。"狗獾叔叔，神奇糖果是什么样的糖果啊？"

图5-2 《神奇糖果店》内页

这可太有趣了，同学们陷入思维的狂欢之中。

"这时，狗獾叔叔给了小猪一颗粉红色的糖果，小猪吃下去后，他的眼睛变得明亮而温暖，脸上总是挂着灿烂的微笑。无论谁骂他，他也不会生气，总是笑呵呵的。"蔡小美一马当先。

唐老师总结说："小美创造了一颗快乐糖果。"

"可惜呀，糖果刚吃完。小猪又恢复了他那副苦瓜脸。"蔡小美遗

憾地说。

"小猪马上又捡起一颗紫色糖果吃下去。顿时,他脑袋里充满了无尽的知识和智慧,会毫不费力地回答各种难题,无论哪个学科,他都能说出个所以然来。"猪小戒把蜘蛛给他的"幻想"给了小猪。

"哦,这是一颗知识糖果。"唐老师替猪小戒总结。

孙不空站起来,接着说道:"小猪又接过狗獾叔叔给他的青色糖果,他发现自己的身体变成水,能自由地穿过任何孔洞和裂缝,当然,也会变成一股强大的水流冲击物体。"

"这是一颗变异糖果。"唐老师说,"在这本有趣的《神奇糖果店》里,作者宫西达也赋予这颗糖果变异的本领,大家来看——"

> "小猪,下一颗糖果才叫厉害呢!"狗獾叔叔把一颗红糖果放进小猪嘴里。
>
> 这一次,小猪竟然变成了大灰狼。于是,小猪拿了三颗红糖果,一颗绿糖果,还有一颗狗獾叔叔送的白色糖果来到树林里,小动物们被吓得屁滚尿流。小猪更加得意,连吞三颗红色糖果,向狼镇靠近。这时,一群真大灰狼出现了。

"但愿小猪的糖果能扛一扛,让他快速离开这个可怕的地方。"猪小戒不由为小猪担心。

孙不空撇撇嘴,说道:"我觉得小猪不会顺利离开,否则故事就早早结束了,没什么可看的。作者肯定会安排糖果被恰到好处地吃完,小猪险象环生,读者看起来才会非常过瘾。"

果然,幻灯片上出现小猪被大灰狼包围的图片。看着绿幽幽的狼眼睛,同学们不由得为小猪捏了一把冷汗。还有的同学在为小猪出主意,让它赶紧吃颗蓝色糖果,用"狮子吼"吓退狼群……

"我觉得,这颗白色的神奇糖果会让小猪化险为夷。"李晓妍看着图片,一本正经地说,"作者写白色糖果,自然有它的用处。"

哗——幻灯片变了，图片上是一只巨大的小猪，像座山一样立着。再看他身后的狼群，四散而逃。图的另一侧，小猪舒服地躺在石头上睡着了，旁边是那只空了的糖果罐。

在同学们放心地长吁一口气后，唐老师问："宫西达也的这本绘本，能不能给我们带来一些写作的灵感？"

猪小戒眼前一亮，想到一个点："主人公拥有一种神奇力量，或者拥有一个有神奇魔力的物体。"

"还得设计一个关键人物吧！要不他怎么能有神奇力量呢？"沙小呆补充，"你看很多故事里都有一个白胡子老爷爷，或者神奇的老婆婆，这本书中就有糖果店的狗獾叔叔。"

"主人公运用超能力战胜敌人！"段段虎激动地叫。

"也可能是解决了一些问题，或者实现了某个愿望。"李晓妍冷静地说。

"反正就是圆满的结局呗！"段段虎补充。

孙不空站起来，摆着手说："别急别急，咱们得再往回倒！主人公为什么想拥有这种超能力呢？其实是他在这方面有需求。就像我们班的某些同学……"

孙不空意味深长地看了猪小戒一眼，继续说："写不完作业，或者是在某方面有困难。所以他希望改变当下，渴望有一种神奇力量帮助他。"

猪小戒眼里的飞刀"嗖嗖"地飞向孙不空，但他得承认，孙不空说对了，这可是一切想象的起点！

"我似乎可以组装出一个故事啦！"蔡小美激动地叫道，大家的目光"刷"地被她吸了过去，"主人公面临某个困难，机缘巧合，他遇到一个奇人，拥有了一种超级能力，当然，还可以是一个神奇物体。最后，他实现了心中愿望。"

"困难、奇人、神奇力量、结局，果然，这四个词可以变成很多的故事！"猪小戒自言自语。

唐老师瞄着眼前的课件，嘿嘿，上面的大部分内容都被孩子们说到了，那他该补充些什么呢？

"小猪吃了糖果后，并不是立刻就吓退大灰狼的，他几次急中生智，才化险为夷。著名作家梁晓声说过，'情节是天使，细节是魔鬼'，这说明在构思故事时，一定要设计情节！这一点，同学们并不陌生，开学时我们就讲了反常法、曲折法、反转法构思故事。细节呢，主要是人物的语言、心理、动作、神态等。刚才的绘本，就反复描写了小猪的心理变化。"

"唐老师把我的房子装修了，变得更漂亮啦。"蔡小美嘻嘻笑道。

幻灯片上跳出几个句子：

主人公面临一个困境。

偶然间遇到一个奇人。

获得一种神奇的力量。

经历过一些惊心动魄。

实现一个圆满的结局。

唐老师接着说："其实很多故事运用了这五个'一'，比如我们熟悉的童话《七色花》。故事是这样开头的：小姑娘珍妮给妈妈买面包圈时，不小心迷了路。这时，一位老奶奶经过，送给她一朵七色花。七色花有神奇的功能，只要撕下一片花瓣，她就会为你实现一个愿望……"

"困境，奇人，神奇物品出现啦！"孩子们叫道。

"对！出现了三个'一'！珍妮用六片花瓣实现了各种愿望，但这些愿望并没有让她感到快乐。剩下最后一片花瓣时，珍妮看到一个双腿残疾的小男孩，她用最后一片花瓣帮男孩站起来。这时，珍妮心里也充满快乐，因为她用花瓣帮助了别人。"（七色花如图5-3所示）

孙不空分析："前面的六片花瓣都是经历的曲折，最后的花瓣才是重点，让故事有了圆满结局。另外的两个'一'也出现啦！"

图5-3　七色花

"那——"唐老师眨眨眼睛,"你们要不要创作自己的故事?"

"我要立即解决一个问题——玩手机!我妈妈把手机藏起来,一个学期都不让我看一眼!我想立即变出一台手机,玩上三天三夜!"沙小呆几乎是咆哮着说。

同学们哈哈大笑,纷纷为他出主意。

李晓妍送给沙小呆一个故事——

小呆在学校附近的公园里遇到了一位奇怪的老爷爷。老爷爷递给他一枚发光的游戏硬币,并告诉他这是一枚神奇的游戏硬币,只要握住它并集中精神,就能进入一个全新的手机世界。果然,小呆身边全是各种各样的手机,他看得眼花缭乱。但是,这个世界里有规定,一天玩手机必须超过八个小时,因为这是他们的工作。而且时不时还要加班,没有周六周天。小呆一开始玩得挺高兴,后来他头晕脑胀,浑身酸痛,但管他的小组长根本不让他停下来。小呆坚持几天后,终于忍不住了,偷偷呼叫老爷爷把他带回现实世界。但老爷爷说,一到现实世界,就没有手机了,让他郑重思考做出选择。小呆果断地选择了离开,他再也不想待在这个手机世界了!

"小呆,这会是你的选择吗?"唐老师问。

沙小呆思考片刻,说道:"如果玩手机变成一项任务,我还是放弃它吧!"

孙不空笑着说:"赶紧与你的手机达成和解吧,因为我们要去看电影了。"

5.1.3 《雪人》:那晚,我遇到了会动的雪人

> 冬日清晨,小男孩惊喜地发现下雪了。他欣喜若狂地跑进院子,堆了一个雪人。午夜十二点,意想不到的事情发生了:雪人奇迹般活了,他带着小男孩开始了一段魔法冒险之旅。
>
> 这部感动过无数人的温情动画短片,改编自英国漫画作家雷蒙·布力格的同名作品。故事单纯而美好,亦静亦动的雪人触动了所有人的内心。本片荣获1983年英国电影学院奖最佳儿童节目,并入围1983年第55届奥斯卡金像奖最佳动画短片提名。

这部仅20多分钟的动画片,是在优美的音乐中开始的。雪花悠悠地落在树上,落在地上。很快,树白了,房子白了,大地白了。

小男孩起床了,音乐瞬间欢快起来。音乐越来越激昂,小男孩的动作也越来越快,只见他急急忙忙地换好衣服,穿上鞋子,到外面去堆雪人。

夜晚来临,小男孩看到父母睡着,又偷偷地爬起来看雪人。这时候,他看到雪人动了!

猪小戒自言自语:"小男孩一定非常喜欢雪人,在他内心强烈愿望的感召下,雪人才活了。"

"雪人就是我们想象中的神奇人物,他跟着小男孩体验人间的各种事情,还带着小男孩骑着摩托车兜风。最神奇的是,雪人带着小男孩飞起来了,在悠扬辽远的音乐中,他们飞过城市,飞过海洋,

飞过冰川,飞到一个神奇的地方——那里五彩斑斓,正在举行一场盛大的舞会。他们看到圣诞老爷爷,并度过非常愉快的夜晚,这些是他们共同经历的细节。"孙不空分析得头头是道。

"但这个结局并不完美。第二天早晨,小男孩只看到地上的帽子和一点儿未融化的雪。电影是在小男孩的忧伤中结束的。"猪小戒对电影的结局耿耿于怀。

孙不空马上反驳他:"你怎么知道小男孩只是忧伤呢?我觉得雪人融化是必然的结局。作为孩子,我们心里是接受这个结果的,因此并不会过于忧伤。反而,更多是怀念,怀念那个愉快的晚上,怀念经历的所有。"

唐老师及时打断二人的针锋相对:"真正打动人的是电影中的细节。现在,你的脑海中还留下哪些印象比较深刻的画面?"

"雪人怕猫!壁炉前的那只猫狠狠地吓了它一跳,它都撞到圣诞树了!我在想,男孩爸爸妈妈如果被惊醒,看到此情此景,会是怎样的表情。"

"我觉得雪人进入房间的片段很搞笑。它就像一个做客的孩子,对一切充满好奇。看到妈妈的化妆品,就往脸上涂涂抹抹,看到爸爸的衣服,就一一试穿。别说,还挺合身的!"

"雪人对电灯很感兴趣,不停地开开关关。那一刻,我觉得它分明就是我的弟弟,对一切新鲜事物都想尝试。"

"雪人对那只音乐盒也很感兴趣,他们在男孩的房间里快乐地跳舞。这些画面很治愈,我想我哪天难过了,想想这部电影,就会开心一些。"

……

同学们各抒己见,回忆着那些温暖的画面,脸上不约而同出现的都是笑。

大约,这就是这部短短电影的魅力吧!

5.1.4 闯关挑战十七:在小小的花园里"挖"出想象

闯关挑战第十七关

闯关小提示:

基于现实想象的五大步骤:
1. 主人公面临一个困境。
2. 偶然间遇到一个奇人。
3. 获得一种神奇的力量。
4. 经历过一些惊心动魄。
5. 实现一个圆满的结局。

闯关大作战

关卡一:有首儿歌非常火:在小小的花园里面,挖呀挖呀挖,种小小的种子,开小小的花……

如果你在一个神奇的花园里挖土,你会挖到什么呢?请你来想象一下。

关卡二:放学后,你走在回家的路上,突然发现路边围着一群人,他们在看什么呢?你有哪些离奇的猜测。

关卡三:如果要你设计一种新的动物,你会设计成什么样?为什么?

【悄悄告诉你:猪小戒的闯关密码在书后哦!】

5.2 奇幻想象法之二——发挥想象改写故事

5.2.1 你可能不知道,有很多版本的"小红帽"

晚上,猪小戒在写作业,妈妈在浏览网页——弟弟正是喜欢听故事的年纪,妈妈不得不"现学现用"。

"呀,怎么有这么多'小红帽'?"妈妈惊叫着。

"哪里有?哪里有?"一有风吹草动,猪小戒立刻就像弹簧一样从椅子上弹起来。

妈妈扒拉着手机,她刚刚输入"小红帽"三个字,就出现了《机智小红帽》《小红帽和爱吃蛋糕的猫》《小红帽和苹果派》《快来帮帮小红帽》《猫巧可救了小红帽》《小红帽的惊险假期》……有中国的作者,也有外国的。

"是盗版吗?"猪小戒问。

"不是,应该是这本书的改编或续写吧。"爸爸也凑过来,看着这些奇奇怪怪的"小红帽"。说实话,他也没见过。

"改编?续写?有点儿意思啊!爸爸,那我可不可以把别的故事改编成另外一本书,放到网上去卖?"

"你还要写书?"妈妈轻哼一声,停顿了一下,继续说,"我的意思是,你可以先写写文章,投给儿童文学杂志社,说不定会录用呢。"

"对啊!"猪小戒激动得直搓手,仿佛看到书上印着自己的文章,旁边有大大的名字——朱箫——没有"剑"。可仔细一看,什么都没有,甚至,他还不知道怎么改写故事呢。

猪小戒叹了口气,继续写作业。他脑子里试着构思小红帽的故事。可想来想去,总是浮现猎人剖开大灰狼肚子的场面——原来的故事太经典了,怎么想都跳不出原著画的圈。

得问问唐老师。说干就干,他立即给唐老师发信息,还加上一句:"您可是一个孩子成为作家的关键人物,千万不要拒绝。"猪小戒郑重其事地说。

唐老师告诉他,周四会安排童话故事创作课,耐心等待,用心听课!

5.2.2 掌握变化逻辑,故事会有一千零一种可能

上课后,唐老师并没有着急讲作文,而是为大家带来一本黄色封皮的书——《经典童话变变变》。这本书最有意思的是:你可以控制故事情节的发展,决定故事的最终结局。在这个童话世界里,你就是上帝,你可以选择任意一个自己喜欢的版本,编写或改写出新的童话故事。根据你自己对故事发展的期望,充分发挥你的想象力,或者利用你的某个奇思怪想,对每一个故事进行全新的演绎。

我的天,这可太好玩了!

"这节课我们也来一场'经典童话变变变',只要是你想'下手'的童话,我们都能来个'整容变脸'!"唐老师兴致勃勃地说。

同学们脸上闪着兴奋的光。这个年龄段的孩子,哪个不是充满着无穷的想象力呢?

"要给童话整容变脸,得从哪些方面下手?这节课,老师会给大家带来五个整容小技巧。第一个小技巧来了,各位接招——改变童话发生环境。比如这本书——"幻灯片上展示出一本书的封面——《都市小红帽》,唐老师翻动幻灯片,一页一页地为大家展示内页,"这本书的故事背景被安排在当代,你可以从图中看到麦当劳等诸多当代特有的事物。故事发生的时间是圣诞节前,地点是意大利的一座典型的工业化大都市。"

"这么看来,小红帽应该是一个很现代很潮的姑娘咯?"猪小戒看着图片猜测。

"是的。现在,我们要来一个时代大穿越,请看——"图片上是白

雪公主的图片，"你想把这位美丽漂亮的公主安排到什么环境？"

蔡小美立即叫道："让她来我们学校，来我们班！我还会邀请她去我家玩儿，我做梦都想看到她！"蔡小美可是班里著名的"公主控"，所以无论她表现出多么离谱的热情，同学们都不以为怪。

"公主一般都生活在宫殿里，过着锦衣玉食的生活。如果把她放在恶劣环境里，比如我们上次的探险地，荒无人烟的茫茫大漠，毒蛇横行的热带雨林，寒风刺骨的南极冰川，我看她还怎么优雅起来？"沙小呆有些恶搞的意味。

猪小戒拍拍同桌的胳膊，嘴上浮上一丝嘲讽："我觉得根本不用那么惨，就是把她丢在农村，也会出现各种状况，发生一系列啼笑皆非的事情。我估计能写一个搞笑系列呢！"

大家一会儿让小红帽穿越到唐代，一会儿把她带到清朝，一会儿又想把她设置在恐龙生活的侏罗纪，说得都停不下来。

唐老师示意大家安静，继续讲课："童话变变变第二招是角色大变身。童话中的人物有主角有配角，我们可以换掉主角身边的部分或全部配角，甚至还可以换掉个别主角，让故事呈现出新的感觉。"

幻灯片上跳出一本书，书名是《白雪公主和77个小矮人》。这本书只选择了原著中白雪公主与小矮人生活的这一段。

"你来猜想一下，当7个小矮人变成了77个小矮人，会发生什么事呢？"唐老师问。

"世上再无皮肤像雪一样白的公主，只有黄脸婆一个！"孙不空嚷嚷。

同学们非常赞同孙不空的说法，白雪公主得像个"妈妈"一样操持小矮人的生活起居，洗衣、做饭、收拾屋子，还要记住77个名字，给他们讲睡前故事。

大家的认同让孙不空更加得意，滔滔不绝地说："她终于累到崩溃了，当王后拿出苹果问她，要不来一个好吃的毒苹果？白雪公主毫不犹豫地回答：来两个！于是，白雪公主沉睡了。她戴着眼罩，开心地享受着幸福时光。（如图5-4所示）王后，亲爱的王后，太感谢您啦！您真是大好人，想人所想，急人所急！"

教室里爆发出轰的笑声。

图5-4 沉睡的白雪公主

但猪小戒偏要和孙不空杠到底："得啦！万一白雪公主遇到的不是77个小矮人，而是一个心狠手辣的电信诈骗者呢？他把这位单纯美丽的姑娘骗到手，然后就胁迫她进行电信诈骗。完成不了业绩？

不给吃饭,鞭子伺候。到时候,这位娇滴滴的白雪公主就要变成灰姑娘咯!"

这段时间,校园里一直在进行反诈宣传。猪小戒是想把这位举世闻名的公主当作"反诈宣传大使"吗?别说,这个想法真有创意!

"其实,角色大变身不一定得换人,可以让原有人物在性格上发生变化。原著的人物性格根深蒂固,如果能来一个反转,读者一定会看得大跌眼镜。比如说白雪公主,她变成一位腹黑小魔女,不仅把王后玩儿得团团转,还在宫殿里做出许多恶事。"李晓妍说出她的创意。

"太棒啦!晓妍为我们打开了新思路,大家不妨想想:憨厚的大灰狼,狡诈的小猪,充满爱与智慧的巫婆,黑化的公主,不仅丑陋还跛着一条腿的王子,这样的故事一定很有趣!"唐老师真为他有这样的学生而骄傲。

"这么说,角色变得可就太多了!性格会变,身份会变,年龄会变……天哪,这太有意思了。"蔡小美沉醉在自己的想象之中。

"第三招呢?"猪小戒急不可耐地问道。

"改变童话原有的情节。有篇经典童话——《龟兔赛跑》,你可以把乌龟、兔子比赛跑步的情节,进行一千零一种变化。当然,也不一定非是比赛跑步,还能更宽泛一些。你会让它们比什么?怎么比?大家讨论一下。"

顿时,教室里响起一片嗡嗡声。比赛跑步、跳高、游戏、游泳、拳击,说相声,吃东西,经营商店,参加中考、高考……道具在变,场地在变,裁判在变,观众在变,比赛规则在变……(如图5-5所示)

"结局会变吗?"唐老师让嗡嗡声停下来,继续发问。

龟兔比赛的结局只有以下几种:

乌龟赢。

兔子赢。

图5-5 《龟兔赛跑》插图

双赢。

都输。

但其他故事呢?结局可就太多了。

"童话变变变的第四个方法是改变结局。'王子与公主幸福地生活在一起'这种万年不变的结尾确实看腻了,你想变成什么样呢?"唐老师问。

"像纸袋公主一样!"沙小呆对那个与众不同的公主念念不忘。

"谁还不是个傲娇的小公主呢?既然你对我不仁,我也对你不义。像纸袋公主一样,勇敢追求独立自主的新生活!"唐老师笑着说,"所以,我们可以让童话长出更多新的结尾,从前所学的故事构思法,如反转、反常都可以用起来。"

"我希望我童话里的白雪公主不再是那个经常被人骗的傻白甜,她有自己的见解。所以,我想这样改编《白雪公主》:白雪公主被解救后,她发誓永远不再相信任何人。她离开王子并独自旅行,最终在一个偏远的山谷中建立起自己的乡村。她过着简单而快乐的生活,并尽力帮助其他人找回信任和幸福。"李晓妍说道。

"白雪公主被解救后,她意外地发现自己拥有魔法能力。她成为一位强大的女巫,用她的力量保护被压迫的人。最终,她成功推翻邪恶皇后的统治,并成为新的君王。"孙不空也创造出新的结尾。

沙小呆站起来,慢悠悠地说:"白雪公主被解救后,她发现自己对冒险和探索有着强烈的渴望。她拒绝与王子结婚,并加入一个勇敢的冒险队伍。他们一起踏上一段充满挑战和奇遇的旅程,最终成为众人敬仰的英雄。"(如图5-6所示)

图5-6 白雪公主去探险

纸袋公主在沙小呆心里的印刻是比较深的,所以他心中的公主都有英雄气质。

蔡小美站起来,有点儿羞涩地笑了:"白雪公主被解救后,她决定放弃王子的爱情,而选择自己心中真正的爱——一个善良而智慧的森林精灵。他们一起在森林中建立起一个美丽而和谐的家园,并与大自然和平共处。"

你看,每个人心中都有不同的向往。

"那,最后一种方法呢?"猪小戒问。

"大家来看这几段文字。"唐老师切换着幻灯片:

> 我是白雪公主。我的母亲美丽而善良,但在我出生不久后就离开了这个世界。我的父亲重新娶了一位邪恶的皇后,她非常嫉妒我的美貌。她命令猎人将我带到森林,并杀掉我。但是,猎人被我的纯真和善良所打动,他放过了我,并告诉我逃到森林里。
>
> 在森林里,我感到害怕和无助。幸运的是,我遇到一群友善的小动物。它们带领我找到一间小屋,在那里住着七个可爱的小矮人。他们接纳了我,并让我留在那里。
>
> ……
>
> 这就是我的故事——白雪公主,一个被困境束缚却最终找到真爱和幸福的女孩。

"这个嘛……是换了一种叙述的角度,把第三人称变成第一人称了。"孙不空一眼就看出了"玄机"。

"最后一种方法就是身在其中法。用'我'的角度来讲童话故事。用第一人称叙述,可以更细腻地描写主人公的内心。好了,童话改编的五种方法,大家都记住了吗?"

"改变发生环境!"

"角色大变身!"

"改变原有情节!"

"改变结局!"

"身在其中法!"

"完美!小影院已经把今天要看的电影《怪兽电力公司》安排好啦,我们赶紧出发吧!"唐老师话一出口,同学们就跑得没影啦。

5.2.3 《怪兽电力公司》：当孩子的哭声变成发电的能量

怪物公司是怪兽世界中最大的恐吓工厂，孩子们最害怕的怪兽是萨利文，它浑身长着蓝色的皮毛，身上有硕大的紫色斑点和触角。萨利文的恐吓助理，也是它最好的朋友和室友麦克，是一只淡绿色的独眼怪兽，它争强好胜，我行我素。

恐吓孩子可不是一件简单的事，怪兽们相信孩子们是有毒的，与他们直接接触将是灾难性的。然而，来自人类世界的不速之客，一个名叫布的小女孩将怪物公司搞了个底朝天……

蔡小美边走边夸张地摇头叹息："唉，我这么一个人见人爱、花见花开的超级美少女，无敌小可爱，哪天流落在怪兽电力公司，他们会觉得我有害！岂有此理！这些怪兽的脑子是用水泥浇筑的吗？"

"蔡小美，别臭美！你到了怪兽电力公司，一定会非常受欢迎，甚至比那独眼怪兽的女朋友还要受欢迎呢！"猪小戒眨眨眼睛，反唇相讥。

影院门口顿时出现男女混合双打场面，还有猪小戒杀猪般的尖叫声。若不是唐老师如天神般降临人间，猪小戒一定会为他的"祸从口出"付出惨重代价。断清官司后，唐老师就着话题说："怪兽电力公司认为小孩是有害的，这个评价固然可笑，但也正是电影奇特想象力的体现之一。大家来讨论一下，这部电影还有哪些天马行空的想象？"

猪小戒捂着受伤的胳膊，立即说："电力公司吓唬甜睡的宝宝，取得孩子们的尖叫声，作为发电的能源。哭声能发电，这是电影一开始就带给观众的意想不到的创意。"

他说完后，不服气地朝蔡小美撇了撇嘴，似乎要用实力打败对方。

"主角萨利文的造型很有创意,作为电力公司的销售冠军,它的容貌太没有杀伤力了。它长满蓝色长毛,头上有两个尖角,看起来体型庞大,实则呆萌可爱,我真不知道它的冠军是怎么来的。"蔡小美紧接住猪小戒的话题,二人的对峙从打架转到回答问题上来。

沙小呆慢悠悠地说:"我倒是觉得独眼仔的造型很独特。细细的手脚撑着圆圆的身体,只有一只眼去看世界。还有它的女朋友西莉亚,也是一只眼睛,二人真是般配。不过,最有意思的是西莉亚的头发,妈呀,居然是几条蛇,我认为它才应该是吓小孩的冠军。"

孙不空一直静静地听大家说话,直到大家都安静下来才站起来,似乎要发表极其重要的观点。他顿了顿,说道:"我认为这部电影在情节设计上想象力十足。萨利文作为公司的销售冠军,应该时时处处与小孩子为敌,视他们为祸害,但它倒好,居然对小孩子布生出仁爱之心。这反常的做法,制造出一个个精彩纷呈的故事。"

"结尾也很不错哦!既然怪兽不足以让孩子害怕,收集不到尖叫声,那电力公司只能倒闭。但它们很快发现了新能源——孩子的笑声,而且能产生更大能量。这样怪兽与人类的孩子就能和谐共处,实现大团圆结局。"李晓妍也发表了她的看法。

唐老师认真地听着孩子们的话,最后做出总结:"开头哭声能发电,人物形象很特别,情节设计和结尾处理都很有想象力。这部电影曾获得过奥斯卡金像奖最佳动画电影,果然实至名归。"

"皮克斯出品,必是精品。"孙不空点头称赞道。爱看电影的他,已经看过很多皮克斯的经典电影了。

讨论已近尾声,大家正准备散去,却被唐老师叫住:"电影中的怪兽专门吓唬孩子,有本书里的怪兽专吃黑暗……"

"吃黑暗?"几个孩子惊讶地叫了起来。这位作者的脑洞,显然大得呼呼漏风。

唐老师继续说:"如果你身边有个能够吃掉黑暗的怪兽,会发生什么离奇的事情呢?一起去闯关挑战吧!"

5.2.4 闯关挑战十八:假如有个能吃掉黑暗的怪兽

闯关挑战第十八关

闯关小提示:

改写故事小妙招一:改变发生环境。

改写故事小妙招二:改变故事中的角色。

改写故事小妙招三:改变故事原有的情节。

改写故事小妙招四:改变故事的结局。

改写故事小妙招五:自己走到故事中去,用"我"的角度来讲故事。

闯关大作战

关卡一:说出你的想法——怪兽吃掉房间的黑暗后,房间会发生什么变化?

_____

关卡二:一个小女孩特别害怕黑暗,她会找怪兽做什么事情?

_____

_____

关卡三:小女孩与怪兽会发生什么故事,你来设想一下吧!

_____

_____

_____

【悄悄告诉你:猪小戒的闯关密码在书后哦!】

5.3 奇幻想象法之三——创作我的童话故事

5.3.1 童话都是骗人的？不不不

学校举行"小荷杯"作文比赛，猪小戒感觉自己跟唐老师学到不少作文方法，就兴致勃勃地报了名。

"就你那水平，还参加比赛？"看到儿子在填报名表，妈妈便说。

猪小戒委屈地嚷嚷："虽然我的作文写得不好，可进步也很大，唐老师都表扬过我好多次呢！"

妈妈鼻子里哼了一声："人家唐老师是为鼓励你才这么说的，你就当真了？你要对自己的水平有清醒的认识。"

猪小戒好伤心，马马虎虎写了一篇作文交上去。几天后比赛结果出来，他果然榜上无名。

"我说什么来着？你的作文写得不行，你还不自量力！再练三年吧！"妈妈知道结果后，一副料事如神的样子。

猪小戒的眼泪吧嗒吧嗒地往下掉，没有获奖已经很伤心了，妈妈还这么嘲讽他！

我的作文真的很差？唐老师那些表扬都是哄我开心？深深的挫败感包围了猪小戒，他再也不想看什么书，写什么作文了。

接下来的几天里，猪小戒像霜打的茄子，无精打采的，对一向喜欢的唐老师也产生了怀疑。直到被唐老师叫到办公室询问半天，他才闷闷地问："老师，我的作文是不是很差劲？你以前表扬我都是骗我吗？"

唐老师一愣，问："怎么这么说话？"

猪小戒的眼泪哗地流了出来，吓了唐老师一跳。半天他才止住眼泪，把事情讲清楚。

唐老师安慰过猪小戒，给他妈妈打电话反映此事。电话里，猪小戒的妈妈不好意思地说："我觉得他的作文确实一般般，就随口说说啦！"

随口一句话，给孩子带来多大的伤害呀！唐老师想。

可是如何重建孩子的信心呢？自卑是儿童经常遇到的问题。他们的内心还不够强大，很容易受到别人评价的影响，特别是身边人。

唐老师决定带同学们共读经典童话《丑小鸭》。这篇童话很多孩子读过，唐老师想做的是通过这篇童话告诉大家：每个孩子都可能是童话中的丑小鸭，遭遇嘲讽驱逐，产生深深自卑，但每个孩童都会在童话的最后为丑小鸭欢呼，进而完成心理的跃迁。共读结束，唐老师都能看到猪小戒的眼里又有光了。

可见，经典的童话是能够解开孩子心结，打开生命之门的。

"如果我能写出这样的童话，那该多好啊！"同学们羡慕地说。

"如果孩子能写出这样的童话，那该多好啊！"唐老师心里想。

初生牛犊不怕虎，那就试试吧！

5.3.2　用这五步写童话，小小安徒生就是你

从读一篇好童话，到写一篇好童话，有很长距离。前提是：知道好的标准是什么。唐老师为孩子们展示了三个版本的童话——《躲在草丛里的小星星》。

幻灯片上出现第一篇文章：

躲在草丛里的小星星【第一版】

在遥远的星空中，有一颗叫作亮亮的星星，他是一个非常任性的孩子。亮亮在天空待得不耐烦了，就离家出走躲在草丛里。

草丛里有小草、小花和小蟋蟀。他们看到这颗亮闪闪的星

星都很好奇，问他是从哪儿来的。亮亮觉得草丛里的这些邻居长得怪模怪样，说话叽叽喳喳，就懒得搭理他们。

看到小星星一副拒人千里之外的表情，草丛里的邻居们就纷纷离开他了。

亮亮在草丛里美美地睡了一觉，没有同伴的打扰，没有爸爸妈妈的唠叨，他觉得很开心。

渐渐地，亮亮感觉很无聊。他想回到天上去，但任凭他怎么跳，他也够不着。他着急得哭了。伙伴们听到他的哭声，都来帮助他。他们有的拉，有的推，亮亮就回到天空中了。

他在天空中看着这些帮助他的小伙伴，心里很感激。

唐老师为这篇童话打了100分。他说："这是一篇基础版的童话，如果大家能写到这个水平，就可以得100分啦！"

猪小戒一听，顿时有了信心：这样的童话，我是完全可以写出来的呀！看来，写童话真的不难哦。

"我们可以从这篇童话中学到哪些创作要素呢？第一，有人物，主角与配角。第二，有事件。起因：主角离家出走躲在草丛中；经过：他不搭理草丛里的小伙伴，但小伙伴依然帮助他；结果：他回到天上。把这些要素写清楚，你就创作出一篇100分的童话啦！"

"唐老师，这也太简单了吧！"同学们惊呼。

"唐老师，是不是还有200分的童话？"孙不空试探着问。

这个臭小子，果然被他猜中了。唐老师笑眯眯地展示另外一篇文章：

躲在草丛里的小星星【第二版】

在遥远的星空中，有一颗叫作亮亮的星星，他是一个非常任性的孩子。亮亮在天上待得不耐烦了，就离家出走躲在草丛里。

草丛里有小草、小花和小蟋蟀，他们看到这颗亮闪闪的星星都很好奇。

小草问："你是从天上来吗？"

亮亮懒懒地点点头。

小花问："天上有什么好玩儿的？你给我们讲讲呗。"

亮亮爱理不理地说："天上一点儿也不好玩儿，没有什么可说的。"

小蟋蟀问："你为什么不在天上待着，要到草丛里来呢？"

亮亮顿时生气了，因为这只奇怪的昆虫的话，让他想到和妈妈吵架的事。他狠狠地瞪了小蟋蟀一眼，气呼呼地走开了。

看到小星星一副拒人千里之外的表情，草丛里的邻居们纷纷离开他了。

亮亮在草丛里美美地睡了一觉，没有同伴的打扰，没有爸爸妈妈的唠叨，他觉得很开心。

渐渐地，亮亮感觉很无聊。他想回到天上去，但任凭他怎么跳，他也够不着。他着急得哭了。

"你为什么哭呀？"小草正在睡觉，感觉有液体掉在他身上。

亮亮鼻子一抽一抽，结结巴巴地说："我……我……我想我妈妈了……但是我跳不到天上去。"

小草说："这样吧，你坐到我的叶子上。让我的叶子像弹簧一样弹出去，你就可以飞到天上了。"

亮亮觉得这个主意不错，但他刚离开地面三四米，就掉了下来。

小蟋蟀看到了，说："你骑在我的背上，让我带你蹦到天

藏在电影中的作文写作密码

上去吧!"

可是小蟋蟀蹦得很低,不仅没把亮亮送上天,还把他摔了个狗啃泥,亮亮哭得更厉害了。

小花想了想,说道:"我们为什么不找好朋友鸟儿来帮忙呢?让亮亮坐在小鸟身上,送他去云朵里。再让云朵托一托,他就到天上啦!"

大家都说这个方法好,果然,亮亮被小伙伴们送回了家。他在天空中看着这些帮助他的小伙伴,心里很感激。(躲在草丛里的小星星见图5-7)

图5-7 躲在草丛里的小星星

唐老师说:"这篇童话,我打200分!谁来说说,这100分多在哪里?"

"我知道,"猪小戒叫着:"它运用了黄金故事构思法之二——设计故事中的小曲折。亮亮要回天上,几个伙伴来帮忙。第一次失败,第二次失败,第三次成功。这样写,增加了文章的曲折性。"

"还有,这篇童话加了对话,人物都是会说话的。"沙小呆补充。

唐老师点点头:"升级版的童话除了'有人有事'这些要素,还要设计'事故',就是有意外的冲突和麻烦出现,并且有比较曲折的解决方案,这样童话才好看。另外,人物描写方法用起来,就会让童话锦上添花。"

"那……"孙不空眼睛眨巴眨巴,问,"有没有300分的童话?"

唐老师听后,反问大家:"同学们小时候都读了不少童话,你认为好的童话是什么样的?"

"像《丑小鸭》那样的。"几个同学说。

"那样是哪样?"唐老师像说绕口令。

大家回答不上来。

唐老师转身换上一张幻灯片,还是《躲在草丛里的小星星》,开头做了如下改变:

> 在遥远的星空中,有一颗叫作亮亮的星星,他是一个非常任性的孩子。星星每天晚上要准时出现在天空,照亮大地上的一切。亮亮对每天晚上枯燥的工作很不耐烦,于是离家出走躲在草丛里。

"嗨,亮亮多像我呀!我对天天准时准点来上学就很厌烦,也有过离家出走的想法呢!"猪小戒读完,不好意思地说。

"小戒的这种想法,有一个词语叫'自居',就是你认为自己是童话中的某一个人物。比如,男生在读童话时会认为自己是王子,女

藏在电影中的作文写作密码

生则会认为自己是公主。这样的话，读者就会对书中的角色产生强烈的情感共鸣。我们接着来看童话的下一部分——"

在草丛中，亮亮感到很自由很轻松。但是很快，亮亮开始感到寂寞和无聊。他看看周围的小花，便对小花说："小花小花，我们来捉迷藏吧，你来藏我来找。"

小花张着可爱的笑脸，乐哈哈地说："这可不行，我不能藏起来，我得努力开着花，让这里更美丽呢！"

亮亮无聊地发了会儿呆，转身看到了小草："小草小草，我们来捉迷藏吧，你来藏我来找。"

小草挺挺发酸的腰，说："不行啊，我得站岗呢，与我的伙伴一起为大地增添一抹绿意。"

亮亮呆呆地看着天空，很想念在天空中和兄弟姐妹一起玩耍的日子。这时候，从他身边跳过一只小蟋蟀，他赶紧对小蟋蟀说："兄弟，你要去哪里啊？我们一起来玩儿吧！"

"你为什么躲在这里呢？"小蟋蟀停下来，好奇地问。

"我每天晚上要站在天空中，为大地点一盏灯，这让我很厌倦。"亮亮向小蟋蟀坦白了自己的想法。

小蟋蟀略微思考了一下，微笑着说："亮亮，我明白你的感受。但是，当你拥有一份责任时，它不仅仅是一种负担，而是一份使命和关爱。你的光芒给大地带来温暖和希望。没有你的照耀，这个世界将会变得黑暗无光。好了，今晚我们要开演唱会，要不你来参加吧！"

亮亮很高兴地答应了。他看到很多蟋蟀在唱歌，而那只与他说话的蟋蟀只担当着小小的角色——搭建和清理舞台的工作人员。

看到小蟋蟀热火朝天地工作着，亮亮遗憾地说："我还以为你是大明星，要登台演唱呢！"

谁知，小蟋蟀认真地说："那又有什么关系呢？没有我搭

建舞台，他们怎么开演唱会？我的工作是非常重要的。"（小蟋蟀的演唱会见图5-8）

图5-8　小蟋蟀的演唱会

"看到这里，你认为亮亮会怎么做？"唐老师问。

"我觉得亮亮会从小蟋蟀的话中获得感悟，回到天空去。角色没有大小，都要做好自己的本职工作。"沙小呆说。

猪小戒接住同桌的话，继续说道："这篇童话像在讲给每个孩子，现在上学很枯燥，但每个人都有自己的责任。拥有责任不仅是一种负担，更是一种荣耀和幸福。"

"好的童话一定是有意义、有真情的。《童话的魅力》一书中说：童话会对儿童的心理成长起到十分重要的作用，而这种作用在大多数情况下都是积极的，能帮助儿童发现自我、渡过难关、得到安慰、获得经验，并且处理好自身与外部世界以及自身与父母之间的关系。童话暗示我们，即使是身处逆境，有益的生活也近在咫尺。所以，我们在创作童话时，一定要赋予童话内在的意义。"唐老师说完，把童话的结尾展示出来：

于是,亮亮决定回到家中,履行自己的责任。当他再次出现在星空中时,他感到前所未有的喜悦和满足。他知道自己照耀大地上的每一个角落,是如此重要。

"读完结尾后,我们来总结一下,一篇好的童话要有哪些要素?"唐老师说。

"要有人,要有事,人要有主角配角,事要有起因经过结果。"

"要有曲折的故事情节,巧用数字'3'设计反复。"

"最重要的是有意义、有真情,帮助读者获得成长。"

唐老师很满意大家的总结,笑眯眯地说:"太棒了,下节课我们要看一部由经典童话改编的电影,它讲了一头猪与一只蜘蛛的故事。"

"我知道!《夏洛的网》!"

"走咯——"同学们簇拥着唐老师向外走去。

5.3.3 《夏洛的网》:蜘蛛与猪的伟大友谊

电影《夏洛的网》由 E.B.White(埃尔温·布鲁克斯·怀特)的同名童话改编而成。

在朱克曼家的谷仓里,生活着一群快乐的动物,它们幽默、可爱,其中小猪威尔伯和蜘蛛夏洛建立了最真挚的友谊。可是一个丑恶的消息打破了谷仓的平静:威尔伯的命运竟是成为熏肉火腿!然而,看似渺小的夏洛却坚定地说:"我救你。"于是,夏洛用自己的丝在猪栏上织出了被人类视为奇迹的文字……

但这时候,蜘蛛夏洛的生命却走到了尽头。从此,它的子子孙孙们都和小猪威尔伯结成了好朋友。

"你知道吗?看了电影后,我又相信友情了!哈哈哈。"蔡小美一出来就激动地说。

复旦大学中文系教授严锋曾这样评价《夏洛的网》：我觉得在一个理想的世界里，应该只有两种人存在：一种是读过《夏洛的网》的人，另一种是将要读《夏洛的网》的人。

"《夏洛的网》有什么魅力让这位复旦教授庆幸自己活着，庆幸自己能把这本书再读一遍呢？"唐老师问。

"这个故事很吸引人。先天不足的小猪威尔伯和灰蜘蛛夏洛成为好朋友，夏洛用聪明才智挽救了威尔伯的生命，威尔伯也在守护着夏洛的孩子。"沙小呆说。

李晓妍接着说："夏洛前前后后共织过'与众不同的猪''了不起''光芒四射'三次字，使威尔伯成了'网红猪'，因此获得去集市比赛的资格。当威尔伯在比赛中遭受到不公平待遇时，夏洛又一次挺身而出，为威尔伯织了'谦卑'，因此威尔伯获得特别奖，可以安稳度过余生。这样反复曲折的情节，让我们看得很过瘾。"

"这部电影让我们看到友情美好的模样。夏洛改变了威尔伯成为熏肉火腿的命运，威尔伯则照顾夏洛的卵袋，他们在相互成全。我觉得'友谊'就是这部电影的主题。"段段虎回答。

孙不空曾读过小说《夏洛的网》，对电影的理解更加深刻："夏洛在帮助威尔伯的时候，他的生命也因此变得更有意义。正如那句名言：赠人玫瑰，手有余香。我记得小说里讲过这样的话：夏洛说，为威尔伯织网，让他体会到除捕捉和吃苍蝇外更有意义的事。"

唐老师就着孙不空的话题说道："其实威尔伯在这个过程中，也获得生命的提升。他认识了世界，了解了生死——既然死亡无法避免，那就珍惜当下。影片最后展现了威尔伯所看到的美好景色，也是他对生命珍惜的体现。"

"有人有事，有曲折，有意义。《夏洛的网》能打 300 分！"大家嚷嚷道。

"是呢！这部童话居'美国最伟大的十部儿童文学名著'之首。语

言清新自然,非常适合儿童阅读,所以大家一定要读起来哦!"唐老师嘱咐同学们,"咦,怎么不见猪小戒呢?他没来看电影吗?"

听唐老师这么一说,大家才发现猪小戒没和大家在一起。这时,沙小呆才吞吞吐吐地说:"唐老师,猪小戒在教室里写作文呢!他想……他想写一篇童话送给他妈妈……"

唐老师赶紧来到教室里,看到猪小戒已经把作文工工整整地抄好了——

犟　龟

古老的森林深处,有一只名叫图图的小乌龟。图图拥有一副坚固的甲壳,但爬得非常慢。每当其他动物看到他匆忙而过时,都会嘲笑他。

有一天,图图决定参加森林田径比赛。可是大家都知道,乌龟是跑得最慢的动物之一。比赛开始时,兔子、松鼠和猴子迅速地跑过起跑线,引来了欢呼声和掌声,而图图只能缓慢地爬行着。

爬过小溪时,鱼儿看到乌龟在满身大汗地向前走,就问:"小乌龟,你跑这么累干什么?"乌龟头也不抬地说:"我参加今天的田径比赛呢!"

小鱼笑得直吐泡泡:"我没听错吧!乌龟参加田径比赛?我得看看今天太阳是不是从西边升起来了。"

乌龟没理他,继续往前爬。

爬过田野时,小蚂蚱看到乌龟直喘粗气,跳过来说:"小乌龟,赶紧来歇一歇吧,我看你都累岔气了!"乌龟脚步不停地说:"不能歇呀,我正参加田径比赛呢!"

小蚂蚱笑得腰都直不起来:"我的好兄弟,你还敢参加田径比赛?只要你借我一点点自不量力的勇气,我立马跳到太阳上去!"

乌龟想说什么,话到嘴边又咽了下去,继续往前走。

天快黑了,回巢的小鸟看到小乌龟,叫着问:"小乌龟,你这么着急去哪里呀?"乌龟边爬边说:"我在参加田径比赛,正往终点爬呢!"

小鸟们笑得树枝都晃起来:"我们回来时,看到比赛早结束啦!大家还以为你早就放弃了呢!算了,你快回家吧!"

乌龟听了有些难过,但还是说:"谢谢你小鸟,其他选手的比赛结束了,但我的比赛还没有结束呢,我要继续往终点爬!"(爬向终点的小乌龟如图5-9所示)

图5-9 爬向终点的小乌龟

草丛里的萤火虫听到小乌龟的话,被小乌龟的毅力和坚持所感动,决定帮助他。很多只萤火虫点起灯笼,照亮小乌龟的路。终于,小乌龟踩着第二天的露水爬到了终点。

等在终点的大象爷爷睡得正熟,看到爬过来的小乌龟,向他鼓掌并表扬了他的勇气,还给他发了特别奖!从那天起,乌龟成为森林中受人尊敬的动物之一。

猪小戒还在作文后面写道：妈妈，我虽然爬得慢，但我不会停。

5.3.4　闯关挑战十九：设计一场昆虫的旅行

闯关挑战第十九关

闯关小提示：

创作童话小妙招一：设计童话中的人物，有主角，有配角。

创作童话小妙招二：设计完整的事件，有起因、经过、结果。

创作童话小妙招三：设计"事故"，让意外的冲突和麻烦出现，并且有比较曲折的解决方案。

创作童话小妙招四：描写会让童话锦上添花。

创作童话小妙招五：好的童话有意义，有真情。

闯关大作战

关卡一：请你来设想——墙角的蜘蛛感到很无聊，他想来一次"环球旅行"。他会去哪里呢？

_____
_____

关卡二：蜘蛛在旅行时遇到哪些"驴友"？

_____
_____

关卡三：他们之间会发生什么事情？请你来写一个小故事。

_____
_____
_____
_____

【悄悄告诉你：猪小戒的闯关密码在书后哦！】

5.4 奇幻想象法之四——当个小小科幻创作者

5.4.1 科幻就是写外星人?还真片面了

最近班上刮起一股"科幻风"。

这股风是从孙不空开始的。自从他在某次作文课上讲"声音谋杀"以后,同学们一下课就听他天花乱坠地吹。慢慢地,孩子们跟风看起了小说。看《三体》的同学是最多的,其他受欢迎的还有《流浪地球》《时间移民》《十三层空间》……

猪小戒也看得兴趣盎然,每天晚上对着窗外幽深的天空声声叹息,嘴里尽念叨些奇怪的名词,妈妈说他走火入魔了。

猪小戒还了解到刘慈欣的成长史。刘慈欣1963年出生在北京,后来随父母去了山西阳泉。小时候,他从家里的旧箱子里翻到一些"禁书"——《海底两万里》《地心游记》《太空神曲》……这些书给他的童年带来巨大欢乐,他每天迫切希望早些放学,然后一头扎进另一个神奇的世界。

逐渐地,刘慈欣想把自己幻想的世界写出来,他一边读书一边写。上班后,刘慈欣利用业余时间继续创作,但他很低调,文章发表被同事看到后,他只是笑着说:这个作者碰巧与我同名罢了。刘慈欣发表《三体》后火得不得了,雷军、马云是他的忠实粉丝,美国前总统奥巴马还给他发过越洋邮件,催他快点儿更新。

作家们从小就进行相关方面的阅读与创作,那我可不可以写科幻小说呢?猪小戒想。

可想来想去,要不就是外星人面临灾难,地球人组织精英方队去救援;要么就是地球人发现某个星球,去那个星球上探索,两者建立起联系;还有就是一群神秘的外星人入侵地球,他们给地球带

来巨大威胁，地球人奋起反抗，战胜外星人……

猪小戒自己都不满意这几个故事。想构思新花样，可怎么也编不出来。他真正体会到什么叫"书到用时方恨少"。

无所不能的唐老师会不会有办法呢？猪小戒刚和同桌透露想法，一旁收作业的孙不空就神秘兮兮地说：小戒，唐老师会给我们讲科幻故事写作的。说吧，你要怎么感谢我这个提议者呢？

猪小戒朝孙不空翻了一个白眼："想要感谢，吃我两拳！"教室里立马上演了一幕你追我赶的打斗场面。

5.4.2　搞定科幻三要素，创作科幻你也行

科幻故事的写作教学被安排在这个学期的最后一节作文课。这一个月里，唐老师把刘慈欣的几部代表作看了一遍。除此之外，他还翻看了艾萨克·阿西莫夫的《银河帝国》《永恒的终结》，阿瑟·克拉克的《遥远地球之歌》，安迪·威尔的《火星救援》等。接着，他又翻找很多科幻写作的论文，做了大量笔记，精心备课后才开始这次科幻之旅。

六年级课本上有一篇科幻短篇小说《他们那时多有趣啊》，唐老师提前打印好让孩子们阅读，为作文课做准备。

上课后，唐老师首先了解孩子们的阅读情况："谁来概括《他们那时多有趣啊》讲了什么内容？"

李晓妍抢到第一个发言的机会："未来世界的一天，玛琪的好友托米发现了古时候一本用纸写的书，内容是古时候学校的情况。托米告诉玛琪古时候的学校是什么样子，玛琪十分向往。"

"非常好。读完这篇课文，你觉得它是一个科幻故事还是一篇科幻介绍？"唐老师问。

这问题太简单了，同学们都认为是科幻故事。

"科幻介绍和科幻故事有什么区别呢？"唐老师又问。

孩子们眨巴着眼睛说不出来。唐老师一点鼠标，跳出一张幻灯片：

这种汽车是用一种特殊的金属制成的，这种金属的强度比钢铁还要硬，重量比塑料还要轻，而且不会生锈，永远都是崭新的。

这种汽车的功能非常多。比如，如果海啸来了，它就可以启动潜水功能，带你潜到安全的地方，然后再变回原来的样子。如果你想上月球，它就会像神舟五号一样，带你去了解月球的奥秘。

第二个功能是它会飞。如果你开车，上班路上堵车了，它就会张开一双翅膀，启动飞行系统，在天空中自由地飞翔。这样你就可以快速地飞到公司，免除你等车的焦急和痛苦。

第三种功能是这种汽车特别安全，它的车里装有世界上最好的气囊，反弹性特别好，无论遇到多大的意外撞击，它都不会让车内的人受伤。（未来的汽车如图5-10所示）

图5-10　未来的汽车

"这是科幻介绍还是科幻故事？"

"科幻介绍！"

小学，孩子们还处在知其然而不知其所以然的阶段。

"我们今天要写的内容是科幻故事，不是魔幻故事，也不是童话故事,更不是简单的科幻介绍。科幻介绍一般用说明的方式,把科学幻想说清楚即可;科幻文章不仅有科学幻想,还有主题意义;而我们要写的科幻故事,不仅有科学幻想、主题意义,还有故事情节,三者缺一不可。"唐老师郑重强调。

猪小戒一边做笔记一边嘟囔:"唐老师啊,那既然是写故事,是不是可以胡编乱造?"

唐老师笑着摇摇头,一副"我就猜中你会这么说"的表情。他拿出法国著名科幻小说家凡尔纳的作品——《海底两万里》。这部书写于150多年前,写的是几个人乘坐"鹦鹉螺号"在海底航行十个月的历程。

"大家知道吗?作者写这本书时,人类还没有创造出可以在海底航行的潜艇。20多年后,美国人西蒙·莱克成功制造出第一艘出海航行的潜艇。其实不仅是潜艇,书中提到的子弹列车、登陆月球、无线电报等科技,都是过了几十年后,陆陆续续被人类发明出来的。因此,凡尔纳被誉为'历史上最强的预言家'。这说明什么?"

"科幻不是胡编乱造,不是胡思乱想,很可能会变成现实。"孙不空回答。

"太对了,人类一切的发明和探索都源于对自然规律的想象。就像几千年前屈原对着天空发出疑问,现在我们的'天问号''嫦娥号'已经飞天。所以,你今天的想象很有可能实现,会改变生活,改变世界。

"既然科技元素是创作科幻故事的最大特点。那大家来想象一下,未来生活的衣食住行会发生哪些变化?大家静静思考三分钟,说出你的创意。"唐老师抛出问题。

"科幻世界里,衣服要有效抵御辐射。它采用高科技材料,如金属纤维、纳米管等,从而减少辐射对人体的伤害。衣服的外部会加一层屏蔽层,以阻挡辐射的进入。它还配备智能感应装置,能够实时监测周围的辐射水平。当检测到辐射强度超过安全范围时,衣服就会自动调节防护层或发出警示信号,提醒穿戴者避开辐射源。"未来世界可能辐射强度很大,孙不空特意设计出这样的服装。

"大家都知道,我是个吃货,那我就说说吃的方面吧!"猪小戒嘿嘿一笑,"在科幻世界里,食物已实现个性化定制,以满足不同人的特殊爱好。人们可以把一个微型营养监测器戴在自己的胳膊上,检测出身体需要的营养和代谢状态,然后生成适合自己,而且非常好吃的食品。"

"你就喜欢吃!我呢,设计出自动调节温度的房子。未来气温升高,房子需安装高效隔热玻璃,减少外部高温对居住者的影响。当然,你不用担心费电,可以利用太阳能供电,为房间提供电力保障。房屋还配备了智能遮阳系统,可以根据实时天气和室内温度,来自动调节窗帘或遮阳板的开合程度。(未来的房子如图5-11所示)"沙小呆接着说。

图5-11 未来的房子

孙不空接着沙小呆的话说："小呆的设计让我想起一篇短篇小说。小说中说未来温度非常高，很多人被晒出皮肤癌，因此人们研制出一个巨大的遮阳设备。看来，高温是未来人类不得不面对的难题啊！"

"我呢，想在未来的世界里驾驶这样一辆汽车：它能够实现垂直起降，不需要长跑道和特殊的降落场；车内配备 GPS 导航系统，人们可以设定目的地，让汽车自动飞行；太阳能为汽车提供持续的能量，支持其长时间飞行。"段段虎平时最喜欢看汽车节目，对汽车知识非常了解。

"我想在火星上培养出一种西红柿。它一夜就能成熟，果实巨大，能提供人类身体需要的各种能量。一天吃上一个西红柿，就不用吃饭啦！"李晓妍的爸爸妈妈都很忙，她经常是"吃了上顿没下顿"，于是想用西红柿解决一天的吃饭问题。

唐老师插话说："看来，你和猪小戒要讨论一下未来人类的吃饭问题。"

"我在想，科幻世界里的动物是什么样的呢？我看过很多作品，说未来世界人与人的感情很淡漠，所以需要一只有情感交流能力的宠物。它不仅懂我的喜怒哀乐，还有强大的攻击和防御能力，这样我出门就有一个保镖啦！当然，它对主人是绝对忠诚的！"蔡小美说。

……

唐老师听完大家的畅想，表扬道："大家的想象很丰富。接下来，我们要利用刚才的科技元素，构思一个科幻故事。刘慈欣曾告诉读者：要讲好一个科幻故事，首先要建立一个'科幻场'，就是一个科幻空间。我们在这个被创造出来的空间中，添加人物和故事。我们已学过多种故事构思法，以及童话故事构思时用到的'五有'——有人物、有事情、有曲折、有意义、有真情，都可以用起来。"

幻灯片上出现了一个科幻文章创作元素构思表（如表5-1所示）：

表5-1 科幻文章创作元素构思表

科幻文章创作元素		《他们那时候多有趣啊》	我的故事
科幻场		2155年	
人物及拥有的科技手段	主角	托米、玛琪（用机器老师来学习）	
	配角	教学视察员、玛琪妈妈	
事情	故事的冲突（起因）	托米发现了一本真正的书，这本书和当时的书有很多不同	
	情节的曲折（经过）	他们从这本书里了解到过去的学校	
	结果	玛琪因此很向往过去的学校	
意义		不断发展科技的同时还要注重人与人之间的交流，以及孩子心灵的健康成长	
真情			

"你会怎样设计你的科幻故事呢？先利用表格搭建故事框架，同桌之间也可以讨论，十分钟后分享自己的科幻故事。"

唐老师刚说完，教室里就嗡嗡声不断。将会有怎样新奇的故事产生呢？唐老师心里很期待。

李晓妍分享了她创编的故事——

2089年，航天员在火星上培养出新品种西红柿，它果实巨大，能满足人类需要的各种能量。西红柿在生长过程中，被外星人偷偷转变了基因。航天员根本没有察觉外星人做的手脚，吃进去之后，身体发生了变异，头上长出两只角，眼睛巨大，丧失人类语言，并对人类发起攻击。于是，航天员和外星人展开斗争，向他们索取解药。宇航员们想尽办法，以其人之道还治其人之身，给外星人身体内注入毒素，逼着他们交出解药。最后，双方和解，在火星上和睦相处。

她想表达的主题是：宇宙人要和平相处，创造宇宙新生活。

蔡小美继续她的科学元素"一只有情感交流能力的宠物"，构建了人与狗的故事——

200年后,人与人之间的感情已经非常淡漠了。一个叫玛蒂的独身女人退休后待在家里,基本断绝与外界的交往。有一只叫吉米的狗与她相依为命。这是一只有情感交流能力的狗,它对主人非常忠诚。但是,它的生命即将走到尽头。狗在想:万一我死了,我的主人该怎么办呢?这只狗就想方设法用各种能源给自己的生命续航,它在木星上寻找到一种生命能量,延缓了自己的生命。最后,这只狗陪着自己的主人一同离开人间。

她想通过这个故事,讲述人和狗之间的真情。(未来的宠物如图5-12所示)

图5-12 未来的宠物

大家的故事精彩纷呈,唐老师连连称赞,感叹每个孩子都是天生的幻想家。等同学们分享完他们的故事,唐老师把这段时间他看的书做了展示,希望孩子们走进神奇的科幻世界。

"听说《流浪地球》很火,课后我们要不要看看?"唐老师一本正经地问。

那还用说吗?走!

5.4.3 《流浪地球》：带着地球逃离

> 在不远的将来，太阳急速衰老膨胀，地球面临被吞没的灭顶之灾。为拯救地球，人类在地球表面建造了上万座行星发动机，以逃离太阳系寻找新的家园。地球和人类就此踏上预计长达2500年的宇宙流浪之旅。在完成这一宏伟计划的进程中，无数人挺身而出，上演了可歌可泣的传奇故事，九死一生的冒险和对人性的终极拷问也同时上演。

有些孩子并未看过小说，电影场景设定也在若干年后，孩子们比较陌生，观影时唐老师按了几次暂停，解读电影情节——这次看电影用的时间就比较长。

唐老师抛出第一个问题："科幻故事首先要建立一个科幻空间。本部电影中，科幻空间是什么？"

"我的理解是太阳即将毁灭地球，人们在赤道附近建立起发动站，希望借助巨大能量让地球脱离太阳系，去一个更安全的地方，这就是'流浪地球计划'。同时，还要建领航空间站，它像地球的卫星，陪着地球逃离。就像我们家着火了，一家人肯定要逃到另一个地方。空间站就像是警察，为我们带路。"孙不空读过三四遍原著，因此对情节很是熟悉。

"这个比方很贴切，一下子就把故事场景说清楚了。在这个大胆的逃离计划中，有哪些人物？他们又有哪些科技手段呢？"唐老师接着让大家思考。

"主角就是刘培强一家几口和救援队。刘培强是空间站的宇航员，不得不与亲人分离。刘培强的儿子、岳父和救来的韩朵朵生活在一起。至于科技手段嘛……岳父韩子昂是个司机，儿子刘启是个半吊子司机，牛皮倒是吹得一流。不过从整体剧情来看，他们最大的特点是不服输，不放弃希望，这个信念让他们最终拯救了地球。"李晓

妍说道。

沙小呆补充："还有那些配角也很勇敢，标榜自己是'中国心'的Tim，后面遇到的李一一，都是好样的。还有救援队队长王磊，那可是救援过程中的核心人物。"

"人物捋清楚后，我们来分析本部电影的情节。故事的起因与科幻空间紧密相连：地球要逃离太阳系，在逃离的某个新年，刘启带着韩朵朵去地表游玩，遭到地球发动机停摆事件。那经过是什么呢？"唐老师进行第三次提问。

"他们与救援队合作，修好了发动机。"

"地球离木星越来越近，面临灭亡的危险。"

"刘培强发现空间站MOSS的阴谋，他要抛弃地球。因此，刘培强进入总控室。"

"为阻止地球坠入木星，刘启想到用引爆木星的方法拯救地球，可惜发出的三株火焰未到达目的地。"

大家七嘴八舌地说。

"最后的结果是刘培强用一瓶酒引爆空间站撞向木星，地球被成功推离，所有人逃离了死亡命运，人类持续2500年的地球流浪之旅开始了。"猪小戒没等唐老师问，自己抢先说。

"这部电影对当下人类有何启示？"唐老师引导同学们思考电影背后的意义。

"地球是我们的家园，一旦被毁，人类将付出巨大的代价。因此我们要爱护环境，保护地球。"孙不空说。

"这部电影传达了哪些真情呢？"这是唐老师的最后一个问题。

"贯穿电影的感情是刘培强与刘启的父子亲情。刚开始刘启讨厌、逃避父亲，但我们发现他其实是刀子嘴豆腐心。还有他与姥爷也是如此，虽然一口一个'老东西'，但姥爷死后，他伤心得都失去理智了。通过刘启和姥爷对韩朵朵的照顾，能看出他们都是有大爱的人。"段段虎回答。

"还有一种博大的爱,是各国救援队对地球的营救。跨越国界的爱,在绝望中寻找希望的精神,使他们获得最后的成功。"唐老师就着段段虎的话做了补充。

这不是上课时幻灯片上出现的表格吗?猪小戒回忆唐老师提的几个问题,欣喜地发现。

"对!"唐老师笑眯眯地说,"这可是构思科幻故事的重要因素,希望大家能记下来,继续创编科幻故事。说不定,'小刘慈欣'就在我们班里产生呢。其实啊,电影中还有一些细节,大家去查资料,然后去闯关环节解答它们吧!"

猪小戒想:这个学期马上结束,这也是最后一次闯关挑战了,到底会有什么奖品等着我呢?

5.4.4 闯关挑战二十:《流浪地球》中的小细节

闯关挑战第二十关

闯关小提示:

闯关小妙招一:科幻故事有别于魔幻故事、童话故事、科幻文介绍。

闯关小妙招二:科幻故事有故事情节,有科学幻想,有主题意义,三者缺一不可。

闯关小妙招三:科技元素是创作科幻故事的最大特点。

闯关小妙招四:科幻故事中都要建立一个科幻空间。

闯关小妙招五:科幻故事中有人物、有事情、有曲折、有意义、有真情。

闯关大作战

关卡一:电影中的人们为什么要住到地下城?

关卡二：电影中的地表温度为什么会非常低？

_____

_____

关卡三：行星、恒星有什么区别？列举你所知道的行星、恒星。

_____

_____

【悄悄告诉你：猪小戒的闯关密码在书后哦！】

后记：遇到自己的"庆典"

　　临近考试的一堂作文课上，唐老师说要举行一次"庆典"。班长孙不空带领同学们简单布置了教室，这样看起来更有仪式感。

　　这次没有电影，唐老师带来一本绘本——米切尔·恩德的《犟龟》。一只名叫陶陶的小龟，听说狮王二十八世要举行婚礼，邀请所有的动物都去参加。狮子洞的路途非常遥远，对于从未见过世面的乌龟陶陶来说，的确是一个很大的"诱惑"。经过整整一天一夜的考虑，第二天一大早，陶陶上路了。他不停地走，却得到狮王已经战死的消息。但陶陶没有放弃，总是倔强地说："我的决定是不会改变的。"最终陶陶如愿地参加了婚礼，不过不是狮王二十八世的，而是狮王二十九世的——一场从未有过的、美好的、盛大的庆典。

　　"我们都会上路。那是做人的一世、做事的一生推辞不了的。它可能是响应了心底的一个愿望，或者是响应了远处的一个邀请。但孩子们，只要上路，只要坚持，我们都会收获自己的庆典。"唐老师有力地说。

　　接下来是颁奖环节，猪小戒连闯二十关，获得唐老师为他定制的玩偶。玩偶笑眯眯地看着他，像是在为他贺喜。

　　只要上路，只要坚持，我们都会收获自己的庆典。猪小戒默念着唐老师的这句话，心里升起无限的勇气与力量。

　　在读这本书的大朋友小朋友，也把这句话送给你哦！

猪小戒的闯关密码

1.1.4　闯关密码

关卡一：

奶奶微笑着回答:"孩子,我不识字,不知道什么是保质期。我把牛奶留着,就是想等你来给你喝呀!"

关卡二：

赵小桐没有借给马小飞笔记,她决定去马小飞家为他补次课。她想:只抄抄笔记怎么能补起课堂上的学习内容呢?如果能够给他讲一讲,马小飞一定会学得更扎实的。

放学后,赵小桐来到马小飞家,把课堂上的内容为他重讲了一遍,又让马小飞抄好笔记。赵小桐发现,她讲过一遍以后,自己对知识点的理解也更深刻了。真是帮助别人,也成就自己啊!

关卡三：

我来到教室外,看到杨星泽早早来了。他一定也是要换凳子的,我心里想。但是,我看到他拿出一把螺丝刀,在一个凳子旁边忙碌着。我走近一看,原来他正在修理凳子。

"嘿,杨星泽,你的凳子坏了吗?"我不好意思地明知故问。

杨星泽转过头笑着说:"是啊,昨天摔了一跤后我就发现了,所以今天早上特地带了工具过来修理。"

我感到有些意外和惊讶。以往杨星泽总是一副很懒散的样子,没想到他还有细心和勤奋的一面。

我的心里涌上一阵感动,我笑着说:"杨星泽,我也来帮忙吧。"

"好啊!"他高兴地说。

从那天开始，杨星泽经常和我一起修理教室里的"老弱残兵"，我们成为好朋友。这个意外的事件也改变了我们之间的关系和对彼此的看法。

1.2.4　闯关密码

波折一：阿布开店的第一天，没有一个人光顾他的小店。他感到非常失望和沮丧，怀疑开一家小店就是个错误的决定。

波折二：阿布想出一个主意，他在店面前摆放一些招牌，又放了一个喇叭，以吸引更多的顾客。他辛苦地制作出漂亮的招牌，把它们挂在店面外墙上。然而，即使招牌非常吸引人，仍然没有太多顾客光顾他的小店。

波折三：阿布觉得一定是自己做错了什么。于是，他去找其他商家请教怎样吸引顾客。他得到一些好建议和帮助后，决定改变自己的销售方式。他重新设计店铺摆放和商品分类，并学会与顾客积极交流。

1.3.4　闯关密码

关卡一：

公交车上的电子屏幕：最近公交车上安装了电子屏幕，可以显示公交车的到站信息和行驶路线。这种电子屏幕非常方便，我们可以看到公交车还有多久到达我们要下车的站点。这样，我们不会错过下车的时间，也不用担心找不到回家的路。

关卡二：

新来的班主任在点名时非常严肃。她会用严厉的声音点到一个个学生的名字，并会盯着学生看一会儿，确保每个人都应答。如果有学生回答不清楚或者没有在第一时间回应，她会严肃地记录下来。这样的点名方式让大家感到紧张和害怕。

1.4.4 闯关密码

关卡一：

人物类型	印象中的形象	不一样的形象
搞笑演员	逗趣幽默，善于制造欢乐和笑声	生活中的他内向害羞，不善言辞
心理咨询师	温和亲切，擅长倾听和解决问题	不愿与人交流，总是沉默寡言
警察	勇敢正义，维护社会安全和秩序	谦和忍让，避免产生危险和冲突
律师	聪明机智，善于辩护，具备法律专业知识	说话很少，总是笑眯眯地看着别人

关卡二：

奇怪的内向搞笑演员

曾经，有一位非常内向害羞的年轻人名叫亚历克斯。他过着平凡的生活，总是默默无闻，很少与人交流。但是，他心里一直有一个梦想——成为一名搞笑演员。

亚历克斯参加了一次面试，意外地被录取为一个著名喜剧节目的固定演员。尽管他不善言辞，但每当上台表演时，他就变得异常认真，不再内向害羞，反而展现出了超凡的演技和幽默感。

观众们对于亚历克斯的表演感到惊讶和迷惑。他总是用认真严肃的表情说出最滑稽可笑的台词，每次都能引发观众爆笑。他的内向性格和严谨态度成为他独特的搞笑风格。

随着时间推移，亚历克斯越来越受欢迎，成为著名的笑星。他的表演风格颠覆了人们对搞笑演员的传统认知。他没有逗趣幽默的外表，却用严肃认真的内心打动了观众。

亚历克斯继续坚持自己的真实，不离不弃地追求梦想。他让人们看到不同类型的搞笑演员，也教会了大家：内向和严肃并不妨碍一个人成为舞台上最耀眼的明星。

2.1.4　闯关密码

关卡一：C、D、A、B

关卡二：

（小新眼睛发光，兴奋跳跃着）我要买我要买我要买，我要买三轮车！

（妈妈显然是生气了，皱着眉头，音调不由提高了几度）家里那么多玩具，还要买？爸爸妈妈哪有那么多钱？

（小新有些委屈又满脸期待地看向三轮车陈列区）嗯……那……我就在这里看看。

（妈妈拍拍小新的肩膀）我告诉你，你跟我耍赖也没有用。我跟那些溺爱小孩的父母可是不一样的！你懂了吗？小新，走，回家！

（小新昂起下巴，眼里泪汪汪的）妈妈……

（妈妈叹气，表情开始温和）干什么？

（小新轻轻地拉住妈妈的手，眨巴着小眼睛说）我想试试这辆车开得快不快，而且，家里有一辆车会很方便的，我可以帮你运快递……

（妈妈皱起眉头，松开小新的手，佯装要走）我看是你玩起来才方便吧！你不走也行，那我走啦！

（小新赶紧拉住妈妈，撒娇地说）妈妈，这辆玩具车买过后，我保证一年内不买玩具啦！好不好嘛？

（妈妈无奈地摇摇头）那好，我给你买。你可要说话算话哦！

（他们一起走向收银台，在欢笑声中结束场景）

2.2.4　闯关密码

关卡一：

做蛋炒饭

步骤		动作
第一步	准备鸡蛋	打开冰箱，拿出鸡蛋，轻轻一磕，滑进碗中，搅拌蛋液
第二步	准备葱	剥掉葱皮，清洗，放在案板上，拿起刀，切成细丝
第三步	开炒	打开火，放上炒锅，倒入油，再放入葱丝、蛋液、白饭，开炒

关卡二：

伸　抠　端　瞅　摆弄　捏弄　停　戳

2.3.4　闯关密码

关卡一：

1.神态描写　2.外貌描写　3.神态描写　4.外貌描写　5.神态描写　6.神态描写

关卡二：

丁丁看到小昆虫时，眼睛亮了起来，脸上露出调皮的笑容。他立刻迅速跑向昆虫，兴奋地伸手去捕捉。他弯下腰，目不转睛地盯着昆虫，并试图用手指戳它或抓住它。他的神态充满了好奇和兴奋，希望与这个小昆虫玩耍。

而婷婷看到小昆虫时，表情变得安静柔和。她停下脚步，轻轻地弯下腰身，双手合十在胸前，微微低头凝视着小昆虫。她的眼神里透露出一种温柔而谦卑的表情，仿佛在欣赏一件珍贵的艺术品。她不敢靠得太近，生怕吓到它。

2.4.4　闯关密码

关卡一：

1.害羞但天真活泼　2.文静　3.活泼滑稽，逗人　4.干瘦、精神关卡二：

第二种好。第二种写了人物的外貌特点，可以看出这位同学家境贫寒，但干净利落。

3.1.4　闯关密码

关卡一：我想选（2）和（4）。

关卡二：我想选（2）和（3）。

3.2.4　闯关密码

关卡一：

侧面描写语句：花下成千成百的蜜蜂嗡嗡地闹着，大小的蝴蝶飞来飞去。

可以看出花开得非常茂盛、繁多。

关卡二：

当班级组织一次户外野餐活动时，同学们纷纷表示愿意自掏腰包购买食物和饮料来共享。然而，赵小桐却始终坚持只为自己准备一份简单的午餐，对于别人的邀约和分享请求总是避而不答。

在考试结束后，班级里通常会有一些同学庆祝并邀请其他同学共度愉快时光。然而，当赵小桐被邀请参加这样的聚会时，她总是以各种借口推辞，明显不愿意花费一分钱或时间去参与。

关卡三：

每当老师走进教室，一种期待和兴奋的氛围就弥漫在空气中。学生们迅速整理好座位，静静等待着他开始上课。当他开始讲课时，整个教室都变得异常安静。

学生们专注地盯着老师，生怕错过他每一个关键的表情和手势。他们不断点头示意，表示理解和赞同。有时候，一位同学忍不住拍手叫好，随即受到周围同学的鼓励。

3.3.4 闯关密码

关卡一：

1. 大臣担忧、害怕、怀疑的心理。
2. 祥子买到新车后激动、高兴的心理。
3. 祥子伤心、绝望的心理。

关卡二：

老师刚一宣布春游的消息，我的内心瞬间涌起激动的情绪。我想象着和同学们在春天的阳光下欢笑、奔跑的场景，仿佛能感受到春风轻拂脸庞的温暖。然而，我内心也有些忐忑不安。我开始担心自己是否能够找到适合自己的伙伴，或者加入一个愉快的小团体。这种焦虑使我陷入矛盾和纷乱之中。

3.4.4 闯关密码

关卡一：

欲扬先抑是指作者本来要歌颂、赞美、肯定某人、事、物、景，却不从正面平铺直叙，而是先从反面着手，用曲解、嘲讽、挖苦的方式去贬低、控制甚至否定它，最后才露出自己真实意图的一种构思方法。

关卡二：

一种是欲扬先抑，一种是欲抑先扬。

关卡三：

每次学校的大扫除，她总是积极地参与其中。有一次老师要求擦教室的玻璃，女生们一个个说"恐高"，站在地上谁也不动，男生们也是你推我我推你"互相谦让"。这时，她说了声"我来"，就拿起抹布，踩上桌子，站在高处认真擦洗。在她的带领下，同学们一个个"不恐高""不谦让"了，干得热火朝天。那次他们班还得了"流动小红旗"呢！

4.1.4　闯关密码

关卡一：第一处横线填②，第二处横线填①

关卡二：

第一次放风筝没飞起来，失望：站在宽阔的草地上，我手中的风筝不经意间落在泥泞的地面上。看着那根被绊住的线头，我感到失望和沮丧。灰色的天空仿佛与我此刻的情绪一样低沉，冷峻的风也似乎在嘲笑我的失败。

连续放了三四次，风筝都飞不起来，生气：我又一次试图放飞风筝，然而它依旧无法顺利地升空。我感到愤怒，心中燃起誓不罢休的火焰。周围的景色变得模糊起来，仿佛与我的愤怒融为一体。蓝天渐渐被乌云遮掩，微弱的阳光也随之消失。

终于成功，开心：在经过多次尝试之后，我的风筝终于迎着微风升上天空！它在碧蓝的天幕下留下美丽曲线，令人陶醉。我兴奋得欢呼雀跃。周围的景色也仿佛焕发出生机，阳光温暖地洒在大地上，草地上的鲜花也似乎为我的成功而欢呼。这一刻，我心中充满喜悦和满足，因为我终于战胜困难，让风筝自由飞翔。

4.2.4　闯关密码

关卡一：

如果您计划去南极探险，以下是一些需要准备的装备和物品：

冬季服装，包括保暖的羽绒服、防风防水的外套、抗寒手套、防寒靴、帽子、围巾等，以及抗紫外线眼镜、防风帽和面罩、把衣服归在一起、高级防风帐篷和睡袋、导航工具、足够多的高热量食物和充足的水、通讯设备等。

关卡二：

在南极探险中，可能会面临以下一些潜在的险情：

1. 极端天气条件；

2. 导航困难；

3. 冻伤和失温；

4. 紫外线辐射；

5. 野生动物威胁……

关卡三：

备足装备：确保携带适合南极环境的防寒衣物、防风帽子、防水靴子等必要的装备。这些装备应具有保暖性能、防风和防水功能，以应对恶劣天气条件。

掌握导航技能：学习和熟练使用导航工具，如 GPS 系统，以便在无明确道路和标志的情况下准确导航。

避免野生动物接触：尊重野生动物的领地和行为，保持安全距离。不要扰乱它们的栖息地或骚扰它们。

4.3.4　闯关密码

当伍万里看到自己的战友在敌机轰炸下惨遭杀害时，他的表情顿时僵硬起来，眼中充满着震惊与无奈，他难以置信地望着眼前发生的事情。时间仿佛凝固了，他感受到战争的残酷和无情。

接着，伍万里的身体不由自主地颤抖，他不禁握紧了拳头。愤怒和悲痛交织在一起，让他感到无法承受之重。他用颤抖的声音喃喃自语，表达出内心深处对逝去战友的思念与哀悼。

随后，伍万里摒弃了恐惧和沮丧，坚定地擦干脸上的泪水。他的眼神变得坚定而决绝，他明白自己作为一名战士的责任和使命。他知道，他要为自己的战友报仇！

4.4.4　闯关密码

关卡一：

我选择爸爸为我做"咸月饼"来写爸爸的爱。我平时不能吃糖，所以爸爸特意为我制作了五香味的月饼。

关卡二：

　　我看见他戴着黑布小帽，穿着黑布大马褂，深青布棉袍，蹒跚地走到铁道边，慢慢探身下去，尚不大难。可是他穿过铁道，要爬上那边月台，就不容易了。他用两手攀着上面，两脚再向上缩；他肥胖的身子向左微倾，显出努力的样子。这时我看见他的背影，我的泪很快地流下来了。我赶紧拭干了泪。怕他看见，也怕别人看见。我再向外看时，他已抱了朱红的橘子往回走了。过铁道时，他先将橘子散放在地上，自己慢慢爬下，再抱起橘子走。到这边时，我赶紧去搀他。他和我走到车上，将橘子一股脑儿放在我的皮大衣上。于是扑扑衣上的泥土，心里很轻松似的。

——《背影》朱自清

5.1.4　闯关密码

关卡一：

　　在这个神奇的花园里，当我挖土时，我会想象自己挖出一颗神奇的宝石。这颗宝石散发着五彩斑斓的光芒，闪烁着奇妙的色彩。它可以让花园中的植物生长得更加茂盛和健康，使它们开出更加美丽绚烂的花朵。

关卡二：

　　人群聚集在一起，目光紧盯着某个地方，原来是一只传说中的奇幻动物出现了。或许是一只翅膀巨大的龙，或者是一只会说话的魔法兽。人们兴奋地指指点点，议论纷纷，试图捕捉到关于这个奇幻动物的证据。

关卡三：

　　如果我要设计一种新的动物，我会设计一种具有独特外貌和特殊能力的生物。我想设计一种名为"夜光凤蝶"的动物。

　　夜光凤蝶是一种美丽而神秘的生物，它与普通蝴蝶相比有着明显的不同。它的身体覆盖着细腻而柔软的羽翼，呈现出华丽的彩色斑

纹，像是来自梦幻世界的艺术品。最令人惊叹的是，夜光凤蝶具有发光能力。它身上散发出柔和而迷人的光芒，在黑暗中像星星般闪耀。

夜光凤蝶不仅拥有迷人的外貌，还具备非凡的能力。它能够感知到微弱的电磁信号，并利用这个特殊感应器来导航和定向飞行。这使得它成为绝佳的探险家和旅行者，能够轻松地穿越迷宫般复杂的森林、山脉和沼泽等环境。

此外，夜光凤蝶还具备一种特殊的能量转换机制。它能够吸收光线并将其转化为自身所需的能量，这使得它在没有食物供应的情况下依然能够生存和飞行。

5.2.4　闯关密码

关卡一：

当黑暗被吞噬时，房间将被光芒填满。这些温暖而明亮的光线将照亮每一个角落，驱散一切阴霾和恐惧。人们会感到安心和放松，因为他们不再被黑暗所困扰。但时间一长，人们就受不了了。光芒使他们入睡困难，他们开始盼望黑暗来临。

关卡二：

有一个小女孩特别害怕黑暗，她请求怪兽留在她身边，给她提供安全感和保护。怪兽带领小女孩一起探索黑暗，给予她勇气和信心。他们一起照亮房间或者使用特殊能力来消除黑暗。通过与怪兽的合作，小女孩逐渐消除了对黑暗的恐惧。

关卡三：

勇敢的光芒

在一个小村庄里，有一个特别害怕黑暗的小女孩叫莉莉。每当夜晚降临，房间的黑暗总是让她感到恐惧和不安。一天晚上，她在床上躺着无法入睡，眼泪掉了下来。

就在这时，一个叫莫菲尔的善良而友好的怪兽，出现在她的房间里。莫菲尔是一个拥有闪烁光芒的小怪物。他告诉莉莉自己是黑暗中的守护者,能够帮助她战胜恐惧。

莫菲尔带着莉莉一起探索黑暗世界。他们穿过树林、溪流和山洞,遇到各种神奇的生物和令人惊叹的景色。每当他们遇到黑暗时,莫菲尔就发出耀眼的光芒,在周围照亮一片阳光般明亮的区域。

在旅程中,莉莉不再害怕黑暗。她开始相信自己可以勇敢地面对一切困难和挑战。她学会与莫菲尔合作,利用他的光芒来发现和解决问题。他们一起跳过深深的坑,穿越浓密的森林,甚至帮助其他小朋友克服恐惧。

最终,莉莉和莫菲尔回到她的房间。他们一起点亮房间,将黑暗驱散。莉莉感受到温暖和安全,对怪兽充满感激之情。

5.3.4 闯关密码

关卡一:

墙角的蜘蛛来到非洲大草原,观赏到壮丽的风光和野生动物,如狮子、大象和长颈鹿。他还参加了野生动物保护项目,了解保护自然环境和野生动物的重要性。

关卡二:

他遇到了跳跃的袋鼠凯特,还碰到会游泳的海龟托尼,以及飞翔的雄鹰艾迪、探索的大象埃玛……这些动物"驴友"为墙角的蜘蛛带来不同的视角和体验。他们一起探索自然奇观、学习彼此的习性和特点,并在旅行中建立起深厚的友谊。

关卡三:

蜘蛛与飞翔的雄鹰

在一个远离人类的森林里,住着一只勇敢而好奇心强的蜘蛛小八。他听说森林深处有一只飞翔的雄鹰名叫艾迪,他非常想结识并与艾迪交朋友。

有一天,小八决定开启探险之旅去寻找艾迪。他爬上高高的树枝,朝着天空张望。正当他准备放弃时,突然一阵大风吹过,小八

被卷到天空中。

就在这时,艾迪出现了。他看到小八被风吹起来,立刻俯冲下来,抓住小八并带他安全飞行。小八感到非常兴奋和惊喜。

在飞行中,艾迪带小八看了壮丽的山峦、峡谷和湖泊。他们穿越云层,在阳光下翱翔。小八不仅欣赏到绚丽的自然景色,还学到很多关于飞行和生态系统的知识。

他们在一片开满鲜花的草地上降落。小八感激地对艾迪说:"谢谢你救了我,并与我一起完成这么美丽的飞行之旅。"

艾迪微笑着回答:"不用客气,小八。我很高兴能够帮助你,并和你一起探索这个奇妙的世界。我们可以成为好朋友,共同保护森林和里面的生物。"

从此以后,小八和艾迪成为最好的朋友。他们一起探险、玩耍,并用他们各自的能力保护森林和生态环境。

5.4.4 闯关密码

关卡一:

地球表面温度已经下降到零下八十多摄氏度,不适合人类生存。于是人类被迫离开熟悉的地面,来到地下城。

关卡二:

地球离开太阳系之后,无法有效获得辐射能,唯一的能量来源是地球炽热的内核热传导和行星发动机的热量,所以地球表面温度非常低。

关卡三:

行星通常指自身不发光,环绕着恒星运行的天体。如水星、金星、地球、火星、木星、土星、天王星、海王星都是行星。

恒星是指本身能发出光和热的天体,太阳就是最接近地球的恒星。